그 바닷가의
아름다운
조약돌처럼

그 바닷가의 아름다운 조약돌처럼

장산 수필집

한강

머리말

 상전벽해桑田碧海, 뽕나무 밭이 변하여 바다가 된다는 뜻으로 세상의 변화가 무상無常함을 이른다. 유정지劉延芝의 시詩 〈대비백두옹代悲白頭翁〉에서 백발을 슬퍼하는 노인을 대신해서 읊은 시의 한 구절에 있다.

 요즘 세상은 지진, 해일, 쓰나미와 더불어 4차 산업혁명으로 매스미디어까지 정신줄을 잃을 것같이 무섭게 변하는 세상이다. 그러나 나는 이 푸른 바다, 벽해碧海에서 매일매일 조약돌과 조개껍질과 진주를 찾아 나선다. 마음에 드는 진주, 조개껍질, 조약돌을 발견하는 순간, 나는 시공時空을 초월超越한 기쁨을 만끽한다.

 혹자는 말한다. 스님은 항상 산사에 계시던데, 언제 바닷가에 가셨는지 의아하게 생각한다. 그래서, 이제 나의 바다를 공개할 수밖에 없을 것 같다.

 부처님의 가르침을 교해教海라 한다. 가르침의 바다, 나의 바다는 인도양 같은 불경이요, 태평양 같은 동양철학이요, 대서양 같은 서양철학이요, 남빙양 같은 이 시대의 지도자들의 설득력 있는 말이요, 북빙양 같은 이 시대의 어두운 골목길을 밝혀 주는 시인, 소설가들의 이야기이다. 그래서 나의 바다는 오대양五大洋을 말한다.

  오대양에서 수집한 마음에 드는 조약돌, 진주, 조개, 소라껍질을 잘 다듬고 갈고 닦아, 다시 인연 있는 자리에서 제가 느꼈던 감흥과 신선한 충격을 전해 드리면서, 이 잔잔한 미소와 전율 어린 감동을 함께 나누고 싶다. 무상無常한 것에서 항상 하는 이 마음을 비추어 볼 수 있고 답답하고 불안한 현실에서 영원의 미소와 적멸의 깊은 고요를 즐길 수 있으니까.

  또, 『채근담菜根譚』에 이런 말씀이 있다.

  "피부아인彼富我仁 피작아의彼爵我義."

  상대가 부를 내세워 자랑한다면 인仁의 덕행으로 나서고, 상대가 명예나 관직을 내세운다면 나는 정의로움으로 대한다는 뜻인데, 세상의 부귀영화에 굴하지 말고 참신한 자신의 맑고 아름다운 영혼을 내세우고 꿋꿋하게 임하라는 뜻이다.

  우리 다 함께 오대양의 조약돌을 주우러 갈까요!

봄빛같이 따스한 어느 겨울날(2019. 12)
제천 와룡산방臥龍山房에서
저자 무림茂林 장산長山 識

차례

□ 머리말

제 1 부 풍요로운 인생길

현금즉시現今卽時 갱무시절更無時節 _____ 13
5월의 단상斷想 _____ 16
이런(행복한) 사람 저런(불행한) 사람 _____ 21
조고각하照顧脚下 _____ 24
절영회絶纓會 _____ 27
사명감을 가진 사람은 늙지 않는다 _____ 30
삶의 향기 _____ 34
부귀에 대하여 _____ 39
재테크보다 중요한 건강 관리 _____ 42
대한민국은 농업이 대안이다 _____ 46
분수를 아는 것이 청정이다 _____ 50
고독의 의미 _____ 53
비밀을 관리하는 세 가지 _____ 56
각국의 중산층의 기준 _____ 58
마음을 살피는 일이 가장 현명한 일 _____ 61
일이란, 사람답게 존재하는 방식 _____ 63
지혜로운 삶이란 _____ 66
새벽 단상 _____ 70
청렴과 청빈한 생활 _____ 72
철학적 사유는 왜 필요한가 _____ 74

차례

오늘, 지금 _____ 78
아름다운 사람 _____ 80
마전작경磨塼作鏡 _____ 82
결초보은結草報恩 _____ 85
관포지교管鮑之交 _____ 87
당랑규선 _____ 90
관견管見 _____ 91
갭 이어Gap year _____ 93

제2부 멋진 인생, 누가 창조하는가

사랑은 그냥 베푸는 것 _____ 99
참지혜가 있으면 모두가 행복하다 _____ 103
기회비용機會費用이란 _____ 106
일수사견一水四見 _____ 110
좋은 인연 나쁜 인연 _____ 112
시공時空에 걸리지 마라 _____ 115
보다 근본적인 것 _____ 117
연기생緣起生 연기멸緣起滅 _____ 119
과학이 말하는 영양소와 비타민 _____ 123
일일부작一日不作 일일불식一日不食 _____ 127

차례

봉사, 사랑과 행복을 가져오는 것 ____131
지혜로운 삶의 8가지 ____133
지혜로운 삶, 행동의 정의를 묻다 ____138
중생심 가운데의 부처 ____142
오일 장날에 큰 궤짝을 사다 ____145
배려심配慮心 ____148
초파일날 연등 크기가 다르네 ____157

제3부 사랑할 수 있어 행복하다

죽음을 염두에 두고 삶에 질문을 던져라 ____163
진공묘유眞空妙有 ____168
사랑하지 않아서 불행하다 ____171
수행은 계율戒律이 근본이 된다 ____173
가난이 두려워서 보시하지 않으면 ____176
출리바라밀出離波羅蜜이란 ____179
법연사계法演四戒 ____185
신앙信仰과 기도祈禱 ____187
대승보살의 길 ____190
인과응보는 분명하다 ____200
묘행무주妙行無住 ____204

적성에 맞는 것을 찾는다 _____ 208
바르도Bardo _____ 211
참선參禪과 명상冥想 _____ 215
내 삶의 지도地圖는 스스로 살필 줄 알아 _____ 219
지혜로운 삶이 청정범행淸淨梵行이다 _____ 223
사상四相이 없으면 보살이다 _____ 227
평상심시도平常心是道 _____ 231
『대방광불화엄경大方廣佛華嚴經』에 대해서 _____ 234
육식肉食에 대해서 _____ 236

제4부 부처님 품안의 행복

대기설법對機說法 _____ 241
중도中道와 연기緣起 _____ 244
보왕삼매론寶王三昧論 _____ 248
깨달음은 세간을 여의지 않는다 _____ 251
만법은 평등하나 인과는 차별이 있다 _____ 254
참으로 가난하면 넉넉해진다 _____ 258
일이관지一以貫之 _____ 260
삼계三界는 화택火宅이다 _____ 262
노공老公의 참회懺悔 _____ 264

차례

천도문天度文 ___266

부록―알아두면 유익한 일

기도하면 좋은 점 ___271
질병으로 천수天壽를 누릴 수 없는 경우 ___273
게으른 사람의 10가지 변명 ___274
세족식洗足式 ___276
물의 이미지 ___278
스피치 요령 ___280
반야般若의 의미 ___282
정상에 이르는 길은 다양하다 ___284
성인聖人의 칠재七財 ___286

1

풍요로운 인생길

현금즉시現今卽時 갱무시절更無時節

盡日尋春不見春　　진일심춘불견춘
芒鞋踏遍隴頭雲　　망혜*답편롱두*운
歸來笑拈梅花嗅　　귀래소념매화후
春在枝頭已十分　　춘재지두이십분

종일토록 봄을 찾아 신발이 다 닳도록
산꼭대기까지 올랐으나, 봄을 만나지 못했다.
돌아와 매화꽃 향기를 맡고 미소지었네.
봄은 이미 가지 끝에 만발하였다.

　기와로 단장된 재래식 화장실 가는 길은 고산사의 요사채(사람이

※ 망혜芒鞋: 짚신.
※ 농두隴頭: 언덕(여기서는 산꼭대기).

거주하는 객실)에서 40~50m 떨어져 있다. 약간의 비탈 오솔길이라서 고즈넉이 짧은 산책로처럼 느껴질 때도 있지만 좁은 길 주변에는 냉이, 돌나물, 질경이, 민들레, 달맞이꽃, 쇠무릎(우슬) 등 여러 가지 산나물과 풀들이 엉켜 있어 잔잔한 즐거움을 주기도 한다.

이들이 봄비에 우썩 자라나서 풀숲을 이루기도 하면 은근한 뱀들의 은신처가 되기도 하고, 비와 이슬이 내리면, 볼일 보러 가는 사람의 바짓가랑이를 적시게도 하여 약간은 곤란을 줄 때가 있다.

저 풀숲의 키를 낫으로 잘라 주리라 하는 생각은 화장실 다녀올 때는 생각하게 되는데, 갔다 오면 이런저런 일들을 챙기다 보면 번번이 잊어버리기도 하는 것이 스님의 다반사다.

우리 절에 거주하시는 처사 두 분과 보살이 한 분 계시지만 아무도 그 일에 대해서 관심을 두지 않는 것 같다. 오늘은 새벽예불과 기도가 끝나고서 결연히 마음을 내어 새벽 5시 반부터 조용히 낫을 들고 그 작업을 정성스레 진행했다. 처사 두 분은 스님이 혼자 낫질하는 것을 보면서 겸연쩍은지 다른 청소거리를 만들어 시작하는 것을 보았다. 오솔길가의 풀숲을 제거하고 나니 묵은 체증이 내려가듯 개운했다.

그리고 지금 이 글을 쓰고 있다. 오늘이 5월 8일 어버이날, 이미 봄은 끝자락에 와 있다. 온 산의 초목은 신록의 엷음을 벗어던지고 왕성한 기세로 날로 푸르름을 더하면서 역동적인 풀향기를 강렬하게 내뿜고 있다. 도시의 복잡다단한 생활의 현대인들에게 정신적 피로와 스트레스를 일시에 날려 버리겠다는 자연의 싱그러움이 산하대지 山河大地를 맑고 향기로운 파동으로 밀밀히 적시고 있다. 봄은 분명 왔으며 또한 지나가고 있다.

"우리는 대체로 보이는 현상을 그대로 보는 것이 아니라 보고 싶은 것만 보는 것이다."라는 말이 있다.

『대학』, 『중용』에는 "청이불문聽而不聞이요, 시이불견視而不見이며 식이부지기미食而不知其味니라."라는 말이 있다. 즉 "들어도 들리지 않고 보아도 보이지 않으며 음식을 먹어도 그 맛을 알 수가 없다."라는 것이다.

현상계는 끊임없이 변화하고 진행되고 있지만 마음에 있는 것만 생각되고 없는 것은 기억하거나 분별되지 않는다. 왜냐하면 마음속에 형성된 자아가 인식 분별하는 것만 알 수 있기 때문이다.

보이는 현상계를 있는 그대로 여실如實히 보려면 자기중심적·고정관념적 자아에서 한걸음 벗어나 뒤돌아볼 줄 아는 여유가 있어야 한다.

봄이 왔다 간 줄 모르는 것은 현상계인 봄의 탓이 아니다. 마음속으로 인식 분별하는 고정관념을 벗어나지 못하면 천하에 봄빛이 가득해도 봄을 찾아 즐기지 못하는 것이다. 이 세상이 아름다운 것도 아름답게 바라볼 줄 아는 이 마음이며, 이 세상이 더럽고 치사한 것도 또한 이 마음이 그렇게 볼 줄 알기 때문인 것이다.

그러니, 언제 어디서든지 지금 현재를 긍정적으로 수용하고 즐기도록 노력해야 한다. 그렇게 쉽게 잘 되지는 않겠지만, 마음도 수련과 공부가 꼭 필요하니, 계속적이고 반복적으로 수련하고 단련하는 까닭이 여기에 있다.

선가禪家에는 이런 말이 있다.

"현금즉시現今卽時, 갱무시절更無時節." 지금이 바로 그때요, 다시 다른 시절은 없느니라(오늘 할 일을 내일로 미루지 말라). 내일은 또 다른 오늘의 일들로 채워지기 때문이다.

5월의 단상斷想

새벽예불 마치고 고경당(요사채)에 내려와 앞마루에 고요히 앉아 선정을 즐기고 앉았으니, 눈앞에 때죽나무 꽃 향기, 이름 모를 산새 소리 끊임없이 흐르고, 아랫 마당 끝자락에는 적작약, 백작약, 분홍 작약 꽃잎이 흐드러지게 피어 하늘거리네.

5년 전 심어 놓은 왕대추나무 10여 주, 매실나무 10여 주, 노나무 10주가 잘도 자라 잎이 무성하네. 백호등을 에워싼 수천수만 그루의 오래된 소나무들의 늠름한 기상이며 해우소 눈길 앞에 우산처럼 펼쳐진 다복솔이 정자처럼 넉넉하다. 도량 여기저기 은행나무가 수십 그루, 몇십 주의 마가목나무에 흰 꽃이 반짝반짝, 아랫 마당 오른켠에 오래된 불두화나무에서 흰 불두화가 만발하였네. 응진전 오르내리는 길목에는 향나무, 단풍나무, 백일홍나무, 백목련, 뽕나무, 구지뽕나무 등이요, 아래의 아랫 마당엔 개량 보리똥나무와 황금측백 10여 주가 10여 년째 광택을 뽐내고 잘 자라 주고 있다.

주목나무 20여 주는 화장실 가는 길목과 삼성각 지나는 길목에 10년 전에 영주에 계시는 우재한 거사님이 시주해 주셨다. 우물터에는 큰 감나무가 엄연히 섰고, 그 옆에 100년 묵은 앉은 향나무도 동산처럼 펼쳐져 아름다움을 과시하고 있다. 윗 마당 오른쪽 끝머리에는 토종 감나무 두 그루가 다정한 포즈로 서로 포옹하고 섰으니, 나뭇잎이 드리운 그늘로 여름 한철 시원스레 지내려고 평상 두 개 갖다 놓았네. 뒷산 가까이는 8년 전에 80여 주의 참죽나무를 심어, 몇 년 전부터 참죽잎을 수확하여 봄나물에 동참했다. 그 밖에 잣나무, 오동나무도 수십 그루요, 큰 벚나무는 절 입구에 있어 이른 봄에 그 화려한 품새를 자랑한다.

아랫 채전의 동쪽 산언덕으로 수십 년 되어 키가 30여 m나 되는 은수은사시나무 10여 주가 하늘 높이 자라고 있다. 굴참나무는 무수히 많고 절 아랫 마당 입구 왼쪽 편에는 큰 느티나무 두 그루가 그 위용과 푸르름으로 활개를 펼치고 있다. 그 밑에서 서식하는 천리향과 수십 주의 철쭉도 봄맞이를 해마다 해 주고 있다. 간에 좋다는 헛개나무 두 그루도 요사채 오른쪽 뒤쪽 언덕에 섰고, 헛개나무보다 한수 위인 노나무 10주는 10년 전에 내가 심어 잘 자라고 있다. 삼성각 옆 연못 옆에는 백 년 묵은 수양버들 한 그루가 웅장한 기세를 떨치며 섰고, 연못에는 봄에 머리 감는 데 좋다는 석창포가 군락을 이루고 있다.

그 맞은편에는 오갈피나무와 엄나무가 있고, 뽕나무와 구지뽕나무도 있다. 아래 연못에는 해수관음상(8년 전)을 모시었고, 홍련이 군락을 이루었고, 갈대와 부들도 있어 때때로 원앙새 쌍쌍이 날아들 때가 있다. 아래 연못 주위에는 쥐똥나무가 울타리를 친 가운데 오동나무 한 그루와 개량 보리똥나무가 우뚝 서 있다. 연못 주위에 쌓아 놓은 바위 틈새에는 무생지 보살과 보현행 보살님 공동작품으로 철쭉꽃, 진달래, 꽃잔디, 앉은 향나무 등이 심겨져 있어 꽃동산을 방불케 하고 있다. 연못 주변에는 소나무, 단풍나무, 노나무 등과 아울러 작약꽃 10여 주가 어우러져 있어 주변 풍경과 하모니를 이룬다. 작년에 개량 보리똥나무(일반 보리똥나무보다 열매가 몇 배 크다.)에서 수만 개의 잘 익은 열매의 푸짐한 선물을 안겨 주었는데, 올해도 그 기대를 저버리지 않고 꽃들이 밀밀히 피었다. 잘 익은 보리똥 열매 수확 시기는 대략 6월 말 7월 초인데, 그 열매의 핏빛 같은 선명함과 달고 새콤한 맛은 천하일품이다.

아랫 마당으로 내려가는 돌계단 양 옆에는 여러 가지 꽃들과 컴프리 10여 포기가 심겨 있는데, 그 잎으로 부침개를 주로 해먹고, 차나 약재로도 쓰인다. 영양성분이 풍부하여 50여 년 전에 외국에서 인기가 높아 들여온 외래종 식물이다.

산에는 이름 모를 나무들이 많고, 취나물과 홑잎나물, 원추리, 도라지, 천마와 하수오와 봉삼도 있으며, 때때로 약초꾼들이 산삼을 몇 번 캤다고 보고 들었다. 대략 70여 종의 약초와 산나물이 있다고 전한다. 고산사 절 텃밭이 둘 있는데 윗 밭은 20여 평 아랫 채전은 70여 평으로 90여 평 가량 된다. 윗 밭에는 상추, 쑥갓, 건대, 아욱과 부추와 고소를 심어서 이른 봄부터 상추는 잘 먹고 있다. 아랫 채전에는 청양고추 100여 포기와 가지, 들깨, 콩, 고구마, 건대, 초석잠, 아욱, 옥수수 등을 심었다.

농약, 비료와 토양살충제와 제초제(크라목슨) 등을 일체 쓰지 않으니, 토양이 건장해서인지 각종 병충해가 난무하여 채소에 피해를 끼치는 것이 이만저만이 아니다. 오늘쯤 목초액, 식초, 알코올을 희석하여 비율을 맞추어 살포할까 한다. 진하면 남새가 시들어 버리고 약하면 병충해에 별 영향이 없다. 이런 소농小農의 일은 이 마당머슴(장산 스님)의 소임이다. 오염되지 않는 고산사 청정도량에 자연산 참비름과 질경이와 민들레와 씀바귀가 지천으로 나 있어, 생각날 때마다 조금씩 채취하여 식탁의 구미口味를 돋우기도 한다.

윗 마당, 아랫 마당, 아래의 아랫 마당과 진입로 양변에 나 있는 잡초들은 원만거사와 공덕거사께서 2~3개월마다 깨끗이 삭발해 놓고 가신다. 요즘은 원만거사와 공덕거사가 하시던 일을 작년부터 김 거사가 부지런히 도량을 단장하고 계신다. 동진거사와 백담거사는 때때로 오셔서 절 창고 정리와 농기구를 정리하고 주변 정리와 청소를 해 주신다. 응진전 주위와 삼성각 주위를 주로 관리해 주신다. 이렇게 해서 우리 절은 대체로 맑고 질서 있고 깨끗한 품새를 유지하고 있다. 가끔 어떤 신도님이나 스님들이 드나들며, 정말 우아하고 정갈하여 마음이 편안하다고 하신다. 물론 장산 스님도 품위 유지를 위해 노력하고 있다.

품위 유지는 돈이 있어야 할 수 있다고 어떤 신도님이 말씀하시길래, 품위 유지는 돈으로 할 수도 있지만 돈이 들지 않고서도 할 수 있다고 설명했다. 그래서 스님의 '품위 유지 3지론'을 말씀드렸더니, 수긍하시고 가셨다.

첫째는 주변 환경 정돈과 청결이요, 둘째는 몸을 깨끗이 하고 작업복과 평상복과 외출복을 구분하여 외모를 단정히 하는 일이다. 셋째는 마음을 청정히 하고 편안하게 하여 쓸데없는 일에 번뇌와 망상으로 끄달리지 않고 수행(기도, 절, 좌선, 독경 등)의 즐거움을 깨닫는 일이다. 나의 3지론은 누구나 수긍하지 않을 수도 있지만 나는 그렇게 하고 있다. 돈이 있어 친지와 지인들에게 밥 사 주고, 선물 사 줄 수만 있다면 그것도 괜찮은 일이다. 베푸는 것도 물질이 아닌 정신적인 것도 많다. 그래서 물질과 정신의 두 가지가 모두 가능한 것이 품위 유지의 품새가 아닐까 생각한다.

  저 윗 마당 끄트머리에는 수백 포기의 코스모스와 여러 가지 꽃들이 연이어 피어 있다. 무생지 보살과 보련화 보살의 노력의 결실이지만 스님도 때로는 동참한다. 1400여 년의 역사의 향훈을 간직한 고산사! 창건주 옥룡자 도선국사와 여러 중창주 큰스님들께 머리 숙여 감사의 예배를 올린다. 그러고 보니 아랫 마당 오른쪽 언덕바지에 있는 오래된 무궁화 한 그루와 해우소 주위에 서 있는 참복숭아나무, 개복숭아나무는 소개에서 빠질 뻔했네. 이 맑고 향기로운 도량에 신도님들까지 많다면 반드시 이 도량은 내 복으로 감당하지 못하고 멀리 떠났을 것이다. 물질적 부유함은 없지만 수행자의 삶에 있어서 안빈낙도安貧樂道의 정토淨土로서는 감히 말하건대, 이 도량과 견줄 곳이 많지 않으리라.

이런(행복한) 사람 저런(불행한) 사람

　이런 사람은 하루나 혹은 한 달 혹은 일 년의 계획을 세워서 점검하고 체크하며 살아가는데, 저런 사람은 바람 부는 대로 물결치는 대로 사는 대로 살아간다.
　이런 사람은 하루하루를 보람과 성실로 황금알처럼 알차게 살아가고 저런 사람은 매일매일을 휴지처럼 욕망에 따라 그저 흘려보낸다.
　또 이런 사람은 따뜻한 마음씨로 사랑과 의욕을 불태우며 살고 저런 사람은 남을 비판하고 거친 말을 서슴없이 하며 원망과 증오심으로 산다.
　또 이런 사람은 좋은 글이나 시를 사랑하며 아름답고 부드러운 말을 생활의 보배로 삼는다. 저런 사람은 TV 연속극이나 남을 헐뜯는 사람들과 입을 맞추며 즐거워한다.
　또 이런 사람은 남을 배려하고 위로하고 사회를 위해 봉사하며 살아간다. 저런 사람은 오직 자신만을 챙기고 자기 가족만 알고 남들에게는 전혀 관심을 두지 않고 이기심으로 산다.

이런 사람에겐 좋은 친구와 인간관계가 많다. 저런 사람에게 인간관계는 많지 않지만 나쁜 친구가 있다.

이런 사람은 상대방의 말에 귀를 기울이고 해결점이 무엇인가 깊이 생각하여 보지만 저런 사람은 자신의 말만 하고 애로사항을 말하며 혼자 열변을 토한다.

이런 사람이 사는 집안은 간간히 노랫소리나 웃음소리가 끊이지 않는다. 저런 사람이 사는 집안은 물건을 거칠게 다루는 소리나 고함소리가 자주 들린다.

이런 사람은 상대가 잘못하더라도 "나부터 잘해야지." 하고 상대를 크게 나무라지 않는다. 저런 사람은 "너나 잘하세요." 하고 상대를 꾸짖고 질책한다.

이런 사람은 모임에서 서로서로 협동하며 가슴으로 대화하며 저런 사람은 모임에서 서로서로를 경계하며 자기 기분이나 배짱에 맞지 않으면 쉽게 등을 돌리며, 대화도 별로 없다.

이런 사람은 매일매일을 보람과 성취로 가득 채우지만 저런 사람은 하루하루를 마음 내키지 않아 죽지 못해 일을 한다.

이런 사람은 상대가 팥으로 메주를 쑨다 해도 믿어 주지만, 저런 사람은 콩으로 메주를 쑨다 해도 의심하고 쉽게 믿지 않는다.

이런 사람은 위기의 순간이 다가왔어도 당황하지 않고 차분히 기회의 순간으로 이끌어 내지만 저런 사람은 기회가 왔는데도 불평불만하며 절망으로 빠져든다.

이런 사람은 좋은 일이나 사고방식을 행동으로 보여 주지만 저런 사람은 좋은 일이나 방법이 있어도 말만 무성하고 실천하지 않는다.

이런 사람은 약속과 신용을 생명처럼 다루지만 저런 사람은 자신의 편리에 따라 약속과 신용을 밥 먹듯이 어긴다.

　이런 사람은 자연의 섭리와 질서를 두려워하며 받아들이지만 저런 사람은 하늘에다 대고 삿대질하고 원망한다.

　이런 사람은 괴롭거나 힘들어도 감사와 기쁨으로 하루를 보내지만 저런 사람은 원망과 불평불만으로 하루를 보낸다.

　이런 사람은 남들이 잘할 때 응원하고 격려하며 박수 친다. 저런 사람은 남들이 잘될 때 시기 질투로 욕을 하며, 남들이 잘못될 때 통쾌하게 웃고 박수 친다.

　이런 사람의 생활습관은 친절을 기본으로 살아가지만 저런 사람은 교만과 아집을 기본으로 산다.

　이런 사람은 어려운 일과 문제가 있으면 문제를 파헤쳐 분석하여 처리하지만 저런 사람은 생활 속의 문제점을 깊이 덮어 두어 속으로 썩게 만들어 화근을 키운다.

　어쨌든 이런, 저런 사람이 되는 건 각자 자신이 선택하여 나아갈 인생살이가 아닌가!

조고각하 照顧脚下

故里燈無主 고리등무주　　他方寶樹摧 타방보수최
神靈去何處 신령거하처　　玉貌已成灰 옥모이성회
憶想哀情切 억상애정절　　悲君願不隨 비군원불수
熟知鄉國路 숙지향국로　　空見白雲歸 공견백운귀

　고향에는 등불이 주인을 잃었고 객지에서 보배나무 꺾어졌구나.
　신령스런 영혼은 어디 갔는가! 옥 같은 그 얼굴은 재가 되었다.
　생각하면 애절한 마음이 간절하구나. 그대 소원 못 이룸이 못내 슬프다.
　고향으로 가는 길 누가 알겠는가. 부질없이 흰 구름만 떠돌아 간다.

—혜초慧超

　조고각하, 각하조고라 하기도 한다. 자신의 다리 아래를 살펴보라.

24 그 바닷가의 아름다운 조약돌처럼

또 자기를 뒤돌아보라는 뜻이다. 중국에는 현장법사의 구법기가 있는가 하면 신라의 혜초 대사는 『왕오천축국전』에 해상으로 인도에 구법求法하러 갔다가 육로로 이동한 점이 현장법사와 다르다. 위의 시는 같이 구법하러 갔다가 돌아가신 도반의 넋을 기리는 시다. 도를 성취하지 못하고 타향에서 임종을 맞은 도반의 애타는 구도열을 안타까워하며, 시로써 마음을 달래었다.

그레타 툰베리는 16세의 스웨덴 소녀다. 그녀의 시작은 2018년 8월 20일 스웨덴 국회의사당 앞 1인 시위였다. 당당한 소녀는 지구를 구제하자는 대명제로 첫 3주간은 매일, 이후에는 금요일마다 학교 등교를 거부했다. 그리고 '기후를 위한 학교 파업'이라고 적힌 피켓을 옆구리에 찬 소녀의 발걸음은 선생님들이 계신 학교가 아니라 정치인들이 있는 곳으로 향했다. 기후 변화로 지구의 온도가 2°C 상승하면 걷잡을 수 없이 온도가 상승하여 지구촌에 대멸종이 시작되어 동식물이 공히 살 수 없는 환경이 된다고 현대 과학자들은 말한다. 하지만 과학자들은 알기는 하지만 현 정책에 따르지 않고 미래를 걱정하여 정부에 요구하면 정부는 경제정책에 위배된다고 과학자를 잘라버린다. 즉 화재가 났을 때 화재경보기가 시끄럽다고 화재경보기를 제거해 버린다. 지구 기후 변화는 사실 과학자들이 더 잘 알고 있지만, 목구멍이 포도청이라 감히 나서서 주장하기를 꺼러하지만, 이렇게 시작한 용감한 소녀 툰베리의 결석 시위는 '미래를 위한 금요일(Fridays for Future)'이라는 위대한 사명감으로 10대 학생들에게 급속히 전파되었다.

툰베리의 행보와 외침이 이 시기에 전 세계 언론에 강력한 긍정의 반향을 주는 이유가 무엇인가?

첫째, 그녀가 대변하는 환경 이슈의 중요성이다. 지구촌은 곳곳에서 환경 문제로 몸살을 앓고 있다. 지속가능성, 재활용성, 친환경성은 시대정신과 가치를 담은 키워드가 되었다.

둘째, 미래 세대로서의 그녀의 외침이 미래를 방치하고 있는 기성 세대에 대한 강력한 항변이기 때문이다. 툰베리는 지난 9월 유엔본부에서 개최된 기후행동정상회의에서 연설을 하기 위해 대서양을 건넌다. 온실가스를 배출하는 비행기를 거부하고 바람과 태양광으로 움직이는 요트를 타고 14일 만에 뉴욕에 도착한 그녀는 세계 정상들 앞에서 이같이 포효한다.

"여러분은 헛된 말로 저의 꿈과 어린 시절을 빼앗아 갔다. 지금 내가 있어야 할 곳은 여기가 아니라 학교다. 지구의 대멸종의 시작점에 와 있는데도 여러분은 돈과 끝없는 경제성장 신화만을 이야기한다. 어떻게 그럴 수 있나. 여러분이 우리를 실망시키는 길을 선택한다면 우리는 결코 용서하지 않을 것이다. 여러분이 좋아하든 싫어하든 변화는 오고 있다."

2050년도에는 바다에 물고기보다 더 많은 플라스틱이 떠 있을 것이라고 환경학자들은 말한다. 각 나라마다 끝없는 경제성장을 달성하기 위해 환경을, 자신을 진정으로 돌보지 않는 행위를 우리는 잠시 뒤돌아보아야 한다. 작게는 자신을 반성해 보고 이웃과 사회가 상생하는 관점에서 조고각하해야 한다.

절영회 絶纓會

　춘추 전국 시대 초나라 장왕莊王이 한 전투에서 승리하여, 문무대신을 불러 모아 궁중에서 자축하는 연회宴會를 베풀었는데, 그때 일진광풍이 갑자기 불어와, 연회에 밝힌 등불이 일시에 꺼져 버렸다. 그때 평소 왕의 애첩을 흠모하던 장수가 그 틈을 타 애첩을 껴안고 키스를 하는 등의 애무를 하던 중, 비명을 질러대며 왕의 애첩이 말하기를, "무례한 자의 갓끈을 끊어 놓았으니, 대왕께서는 등불을 빨리 밝혀 주옵소서." 하였다. 등불을 켜는 순간 왕의 애첩을 희롱한 자는 발견될 것이고 어쩔 수 없이 한 신하는 처형될 상황에 놓이게 되었다. 초장왕은 잠자코 근엄하게 말씀하시기를, "등불을 켜는 것은 서둘지 마라. 오늘의 연회는 절영회絶纓會니, 모두 갓끈을 끊어라. 갓끈을 끊지 않는 자는 반드시 처벌하겠다."라고 선언했다. 여기저기 갓끈 끊는 소리가 나고, 드디어 등불을 밝혔으나, 모두가 갓끈을 끊어서 범인을 알 수 없게 하여 대신들에게 관용의 정치를 베풀었다.

그 일이 있은 3년 후 진秦나라와의 전쟁에 패하여, 왕이 도주하던 중, 실로 초장왕의 목숨이 경각에 달렸을 때, 한 용맹한 장수가 죽기를 무릅쓰고 사투死鬪를 벌인 끝에 차츰 쫓기던 초나라의 군사들이 사기를 얻어 초장왕의 목숨을 구했을 뿐만 아니라, 전세를 역전시켜 진나라의 항복을 받고 전쟁을 승리로 이끌었다. 이 장수는 이름이 장웅張雄인데, 논공행상에 큰 상을 내리면서 "과인이 그대를 특히 중용하지 않았거늘, 그대는 어찌하여 죽기를 무릅쓰고 전투에 임하여 과인을 구하고 나라를 구하였는가? 이에 큰 상을 내리겠다." 하니, 그 장웅이란 장수가 사양하면서 말하기를, "저는 그 상을 받을 수가 없습니다. 저는 이미 3년 전, 절영회에서 죽은 목숨이나 다름없사온대, 대왕의 관용의 은덕으로 목숨을 부지해 왔습니다. 그래서 목숨을 바쳐 대왕의 은덕에 보답하려 한 것뿐입니다." 하였다.

궁중의 어의를 시켜 전투에서 상처투성이인 장 장군을 위무하고 치료케 하였다. 이 싸움이 전환점轉換點(turning point)이 되어 초나라는 점점 강성해져서 초장왕은 급기야 춘추오패春秋五覇의 한 사람이 되었다. 오늘날의 정세를 볼 때 정권을 잡은 리더(대통령)가 자기 입맛에 맞으면 어떤 허물이 있어도 중용하고, 자기의 이념과 취향에 맞지 않으면 티끌만 한 허물이 있어도 적폐로 몰아 처단하는 용렬한 리더십은 전 국민들을 사상과 이념정치로서 분열시키고, 국정國政을 이끄는 적절한 시기를 실기失期하여 국민과 나라 전체에 엄청난 손실을 가져오기를 밥 먹듯이 한다.

과연 무엇이 가장 중요할까?

화합과 소통과 관용의 정치가 무엇보다도 필요한 이 시기에 말로만 소통이며 화합하며, 실제로는 적폐가 적폐를 청산하는 아이러니가 계속되는 현실이 가증스럽다.

오늘을 이끄는 수고롭고 마음이 빈곤한 지도자들이여! 한 말씀 드리고자 합니다.

 積善之家 적선지가 必有餘慶 필유여경
 積惡之家 적악지가 必有餘殃 필유여앙

착한 마음으로 모든 사람을 대했다면 반드시 집안에 경사로움이 있을 것이요.
이기적이고 탐욕스런 마음으로 사람을 차별했다면 반드시 재앙이 기다리고 있으리라.

             ―〈문언전〉,『주역』

사명감을 가진 사람은 늙지 않는다

요즘 들어 흔히들 나이는 숫자, 마음이 진짜라 한다.
물건을 오래 쓰다 보면 낡아서 쓸모가 없어지지만, 그 물건을 통해 얻는 보람은 더 커질 수가 있다. 낡은 물건을 골동품이라 하듯이, 그 물건을 통해서 추억과 보람이 커지면 생활을 풍요롭게 하는 가치는 더욱 커질 것이다. 사람도 나이를 먹으면 젊었을 때보다 순발력이 떨어지고, 몸도 늙고 병들어 세상에서 쓸모가 적어진다고 생각할지 모르지만, 늙어 가면서도 세상을 새롭게 관찰하는 힘은 더욱 예리하고 커진다면 젊을 때보다 현명하고 세상에 기여하는 삶으로 존재할 수 있다. 이제 노인이니 좀 쉬어야지 하는 생각만 없다면.
한번은 필자가 노인 요양원을 둘러보러 갔는데, 사무국장이 번호 열쇠로 열어 주어서 병실에 들어서니, 여러 노인들이 다 함께 고함을 지르면서 "와! 스님이 왔다." 했다. 그 사람들이 스님이 반가워서 함성을 질렀지만, 목사나 신부가 와도 마찬가지라 한다. 이것은 무엇을 말하느냐 하면, 사람이 그립고, 아직은 세상 속에서 보람된 하루 하루의 삶을 영위할 수 있는 에너지가 있는 사람들을 사회복지라는 미명하에 국가가 정책적으로 지원하여 노인들을 가두는 것으로, 당사자인 노인도 죽음을 기다리는 허무한 곳에서 양계장에서 사육되듯이 갇혀 있고, (물론 약간의 이유가 있겠지만) 100%는 아니더라도 국민의 세금으로 운영하다 보니, 다수의 국민들이 생활에서 행복할 수 있는 여유가 줄어든다. 이율배반적인 정책으로 공무원 숫자만 늘어서 국민 전체에 누를 끼치는 행위가 된다. 약간의 힘이라도 살아서 움직이는 것이 행복한가, 일정한 울타리에 갇혀서 사육되다가 죽음을 기다리는 것이 더 유용한가는 깊이 있게 성찰해 볼 일이다.

나이가 들고 늙어서도 생활의 소소한 일거리를 찾아서 능력에 맞고 힘에 부치지 않는 일거리를 찾아 존재의 의미意味를 스스로 되새길 수 있다면, 마당 쓸고 걸레질하고 폐지 줍는 하찮은 일이라도 그에게는 이미 만족한 삶에 가치를 더해 줄 것이다. 노인은 이런 일밖에 할 수 없는가 하고 자괴감을 가진 사람은 물론 아니다. 스스로 생각의 전환이 필요한 시기이기 때문이다.

즉, 삶에 가치를 부여하는 삶은 자기 자신이 평생 동안 모은 돈보다 넉넉하고, 자신이 세상에서 오를 수 있던 높은 지위보다도 더 고귀한 삶이 될 수 있다. 현재 내가 어떤 일을 하고 살아가든지 내 스스로에게 떳떳하고 보람 있고, 누군가에게 아주 작은 의미를 부여할 수 있는 존재라면, 늙어서도 우리는 충분히 의미 있는 삶을 즐길 수 있다고 본다.

18세기 프랑스의 소설가이자 계몽 사상가인 볼테르는 소설 『캉디드』에서 "우리의 소명召命은 우리의 밭을 계속 가꾸는 것이다." 하였다. 소명과 사명使命은 의미가 약간 다른데, 소명은 신이나 왕의 지시를 따르는 것을 말하고, 사명이란 인간이 사람으로서의 도리를 다하는 것을 말한다. 필자는 소명을 사명으로 전환하는 것에 동의한다.

　우리들은 대우주인 자연에서 태어났고 우리 모두에게는 각각 타고난 재능이 있기 때문에, 굼벵이도 구르는 재주가 있듯이, 노력하겠다는 깨어 있는 정신 상태라면 잘할 수 있는 분야는 더욱 발전시키고, 서툰 분야도 차근차근 익혀서 최선을 다한다면 보람된 인생의 여정을 찾을 수 있을 것이다. 내가 선택한 일이라 할지라도 미래가 불투명하고 생각대로 일이 잘 풀리지 않아 비전이 없다 할지라도, 그저 계속 고뇌하고 연구하며 밭을 일구어 가는 것이, 인생을 성공의 의미보다 매 순간의 과정에 의미를 두며 살아가는 것이 인생이라 여겨진다.

　우리의 사명은 살아 있는 동안, 즉 늙어서도 밭을 갈 수 있으면 밭을 계속 가는 일이다. 가수는 노래로, 화가는 그림으로, 농부는 밭을 갈고 씨앗을 뿌리며, 교수는 강연으로, 수행자(스님, 신부, 목사, 기타 수행인)는 사회의 정의를 구현하기 위해 파사현정破邪顯正하는 목탁이 되어야 할 것이다. 또 학자나 연구원은 학문적 성과로 자신이 개발한 연구 성과를 세상을 비추는 빛으로 돌려 주어 재능기부를 할 수 있다면 참으로 가치 있고 훌륭한 삶이라 아니할 수 없다.

　어떤 공중파 방송 인터뷰에서 전혜성 박사(그 당시 박사의 나이 67세)에게 이런 질문을 던졌다. "향후 10년 동안의 계획은 어떻습니까?" 전혜성 박사는 "나는 앞으로 10년 이후에도 지금 하고 있는 공부와 연구를 계속할 것입니다."라고 답변하여 시청자들을 깜짝 놀라게 했다 한다. 10년 후 77세면 대부분 사람들이 은퇴하고 여생을 소일하는 나이였으니까. 전 박사는 지금 90세 노인임에도 불구하고 학술 발표회를 한다든지, 자원봉사를 하고 연구하는 등 노년의 피날레를 장식하고 계신다. 그분의 사상을 들어 보면 "죽을 때까지 연구하고 사회에 봉사하고 공부하라."이다. 우리 모두는 웬만하면 죽음을 기다리는 허무한 요양원을 찾지 말고 지금, 이 순간에도 사회에, 세상에 필요한 무언가를 하면서 불사신으로 살아갈 일이다.

삶의 향기

어느 때 한 아프리카 원주민 시장에 백인이 와서 양파를 구했다. 양파 상인에게 한 줄에 얼마냐고 물었더니, 10센트라 했다. 백인이 3줄에 25센트에 하자고 흥정했다. 3줄이면 30센트를 다 받아야 한다고 상인이 말했다. 그럼 모두 몇 줄이냐고 백인이 물었다. 30줄이라 하니, 모두 다 살 테니 2달러 50센트에 흥정해 왔다. 그러나 원주민 상인은 의아하게 쳐다보더니, 라이터에 불을 척 켜며 담배를 한 대 피워 물고서 연기를 내뿜더니, 3달러를 다 주어도 모두 팔 수는 없다고 얘기했다. 왜냐고 백인이 다그쳐 물었다. 원주민 상인이 하는 말인즉, "나는 이 시장을 사랑한다. 내가 이 양파를 빨리 다 팔고 집에 가야 할 이유가 전혀 없다. 물건을 팔고 물건을 사는 사람, 형형색색의 옷을 입고 평화로이 담소하는 사람들의 움직임을 사랑한다. 해맑은 어린애의 웃음소리와 개구쟁이 아이들의 숨바꼭질 소리도 들리고, 점심시간이 되면 젊은이와 늙은이들이 국밥 한 그릇 시켜서 음식을 먹으면서 이런저런 세상 살아가는 이야기를 엿듣는 것도 내 인생의 즐거움이다. 왜 빨리 물건을 팔고 집에 돌아가야 하는지 나는 알 수가 없다. 나는 돈보다 더 귀중한 삶의 터전에서 인간의 향기를 맡고 싶다." 백인이 아무 소리도 하지 못했다. 서로의 가치관이 다르기 때문이다.

옛날 중국에는 배휴라는 재상이 있었다. 어릴 때 쌍둥이로 태어났다. 그리고 3~4살 때 부모를 일찍 여의고 삼촌 댁에서 길러졌다. 형은 배휴요, 동생은 배탁이었다. 한 8살가량 되었을 때, 삼촌 집에 자주 들리는 일행 선사라는 스님이 계셨는데, 그 스님이 어린 조카를 보더니, 가만히 삼촌에게 말하기를, "애들이 거지상이라, 몇 년 가지 않아 여기의 살림도 곤궁해질 것이요." 했다. 삼촌이 그 말을 듣고 형님의 애들인데, 어린것들을 어떻게 내보내겠느냐고 대답했다. 이 말들을 엿들었던 쌍둥이 형제는 삼촌에게 집을 나가겠다고 말씀드렸다. 삼촌이 처음엔 안 된다고 했지만, 일행 선사의 말씀을 우리가 다 들었다고 삼촌께 누가 되고 싶지 않다고 말했다. 그러니 삼촌이 눈물을 흘리며 어린것들이 무슨 죄가 많아서 하면서 굳이 붙들지 않았다.

어린 형제는 산속에서 나무를 베어다 부지런히 숯을 구워서 팔기도 하고, 일이 없으면 동냥도 하면서 지냈는데, 형과 동생이 그날도 동냥을 나가다가 길이 엇갈려 서로 헤어져 버렸다. 형 배휴는 길을 가다가 어느 귀부인이 흘린 반지고리를 발견하고, 그 자리에 서서 그 귀중품을 들고서 기다렸다. 그 반지고리에는 대감부인의 패물, 즉 금, 은, 보석들이 들어 있었다. 한나절이나 지나서 하인들과 함께 그 귀부인이 패물을 찾아 나섰는데, 거지 어린애가 그것을, 그 자리에서 들고 서 있었다. 그것을 본 그 대감댁 마님은, 이 아기가 싹수가 있다고 판단하여 집에 데리고 가서 선생을 정하여 부지런히 공부를 시키니, 총명하고 영특했다. 뒷날, 또 어떤 기회에 일행 선사를 만났는데, 형 배휴를 보고, 장차 이 나라의 재상이 될 인물이라 하니, 어릴 때 삼촌 집에 있을 때는 거지상이라 하더니, 지금은 왜 말이 틀리냐고 물었더니, 무슨 좋은 일을 하고 상이 바뀌었다고 말했다.

형 배휴는 대감 댁에서 자라 과거에 급제하여 한 나라의 재상이 되기에 이르렀는데, 가만히 생각해 보니, 헤어진 동생 배탁이 그리웠다. 아직도 거지행각을 하고 있을 동생을 생각하며, 그 고향 근처에 방을 걸어서 동생을 찾았는데 한 달이 넘어서 소식이 들려왔다. 형 배휴와 동생 배탁이 상봉하게 되는 기쁨을 맛보았다. 동생 탁은 그 마을의 뱃사공이었다. 마을과 마을을 이어 주는 나룻배 뱃사공이었는데, 처와 아이들 몇을 낳고 행복하게 살고 있었다. 그러나 형이 볼 때는 볼품없는 삶이었다. 서울로 가면 적당한 작은 벼슬(공무원) 자리를 줄 테니까 서울로 상경하자고 동생 탁에게 이야기하니, "형은 재상(국무총리) 자리가 그렇게 좋소? 권력에 사는 것은 칼날에 묻은 벌꿀을 빠는 거나 다름없으니, 나는 벼슬 하고 싶지 않소." 하고 말했다. 동생이 또 말하기를, "나는 이 나룻배에 마을 사람들을 건네주면 물새 소리 듣고 마을 사람 사는 이야기를 들으며, 때때로 물속에 그 수초들이 하늘거리는 아름다움에 빠진다오. 나는 아무 근심 걱정 없이 아내와 아이들과 행복하게 살고 있는데, 형은 그 벼슬아치들과 임금의 눈치를 보며 얼마나 고단하겠소. 이래저래 따져 보니, 내가 형님만큼은 못해도 행복하기는 내가 더 행복한 것 같으니, 형은 아무 걱정 말고 서울로 올라가시고 자주 연락이나 합시다." 하였다. 이로 미루어 볼 때 두 삶이 어느 누구가 더 행복하다고 단정 지을 수 없다.

지금 현대인들은 빨리 성공해야 하고, 돈도 빨리 많이 벌어야 하고, 명예도 상당히 갖추어야 하고, 많이 알아야 하고 높이 날아가야 하는 똑똑한 병에 걸려 무척이나 불행하고 고통스런 똑똑한 바보들이 많다.

　신조어新造語 '관피아'는 공무원 마피아란 뜻으로, 고양이에게 생선 가게를 맡긴다는 말이다. 이 정도가 되면 국가는 법치주의가 아니라, 괴상하고 불행한 나라로 둔갑한다. 옛날 2천 년 전 중국 춘추 전국 시대에도, 노나라 출신인 공자님께서도 '향원鄕愿'이란 말씀을 쓰셨다. 일곱 나라 중에서도 가장 연약한 노나라는 임금이 노나라 출신인 공자님께 사정했다. 당신의 고향 나라인 노나라를 지켜 달라고 애원했다. 왜냐하면 공자님은 제자도 많았을 뿐만 아니라, 왕도정치, 덕치주의를 부르짖으며, 각 제후나 왕들에게 이미 큰 인물로 알려져 있었기 때문이다.

　노나라 왕의 간청으로 잠시 1~2년간 '대사구'란 직책을 맡았다. 대사구란 오늘날의 법무부 장관의 직책에 해당한다. 대사구를 맡자마자, 임금에게 '부월斧鉞'을 내려 달라고 청했다. 부월이란 나라에 큰 죄인을 다스릴 때 임금에게 사전 허락을 구하는 형태의 말이다. 부월의 글 뜻은 큰 도끼와 큰 칼이란 뜻이다. 임금이 의아하게 생각하며, "나라에 큰 죄인이 없는데, 어찌하여 경은 그런 말씀을 하시오." 하니, 대사구인 공자님이 "꼭 한 사람 향원鄕愿을 처리해서 백성의 고통을 덜고 나라의 기강을 바로잡고자 합니다." 하고 말씀드렸다. 그 향원의 존재는 일등 로비스트인 '소정묘'였다. 그 소식을 들은 소정묘는 곧 수레에 황금을 가득 싣고 공자를 찾아뵈었다. 일등 로비스트답게. 그러자 공자는 성인이라, 그런 유혹에 넘어가지 않고 바로 도수부(무사)들을 불러 소정묘를 하옥시켜 처리했다. 오늘날의 관피아를 그때 당시 공자님은 '향원鄕愿'이라 하셨다. 즉 백성의, 국민의 원수이다. 세계 4대 성인 중에 한 분인 공자님이 돈을 많이 모았다는 기록은 없다. 공자님의 제자들은 뛰어난 정치가나 재벌들이 있었다.

  석가모니 부처님이나 소크라테스나 예수도 마찬가지이다. 돈을 많이 모아 성인의 자리에 올랐다는 기록은 아무 데도 없다. 돈과 권력과 명예는 행복한 인생에 어느 정도 기여할 수 있다고 본다. 90%는 그런 것들보다 다른 곳에 있지 않을까!

부귀에 대하여

고대 그리스 철학자 에피쿠로스는 "인간을 행복하게 만들기 위해서는 그에게 부富를 안겨 줄 것이 아니라, 부자가 되고자 하는 그의 욕망을 제거해(쉬게) 줘야 한다." 구약성서에는 "은銀을 사랑하는 자는 은으로써 만족하는 법이 없다."『법구경』에서는 "황금이 소나기처럼 쏟아질지라도 사람의 욕망을 다 채울 수 없다. 짧은 쾌락에 큰 고통이 따른다." 하였다.

많은 부모들은 아이들이 가치 있게 살아가도록 이끌기보다는 좋은 대학과 좋은 직업에 올인하도록 종용하고 있다. 그것이 자식을 위한 길이라고 착각하고 있다. 인간이 타인의 욕망을 욕망하는 존재라면, 아이는 부모의 욕망을 욕망하는 존재라는 말이 있다. 아이가 진정하고 싶은 일에 대하여 관심을 가져 주고 개발해 주어야 함에도 부모의 절대적 권위로서 그 부모의 원하는 욕망을 좇으려는 아이들의 삶은 고달프고 버겁다.

지난해(2018년) 교육부가 밝힌 자료에 의하면 우리나라 초·중·고 학생들이 성적이 나쁘다고, 즉 부모가 원하는 성적을 내지 못하는 것을 비관하여 우울증과 자살충동을 느끼는 학생이 절반가량이며, 실제로 매년 110명 이상이 자살하고, 그 외 우울증에 시달리는 학생은 아주 많다고 한다. 그러니 Best One이 되려고 하지 말고, Only One이 되어야 할 것이다. 최고가 되려고 하기보다, 자기만의 독특한 개성을 개발하라는 것이다. 평범한 일상 속에서 자기만의 개성과 독창성을 개발하고 개척하고 가꾸어 빛을 보아야 하리라. 전 문교부 장관으로 재직하셨던 이어령 선생(언론인, 교수, 장관, 문학인, 문화기획자)께서 말씀하신다.

"나와 함께 손잡고 희망의 세상을 향해 나아갈 사람, 어디 없나요? 말[馬]과 함께 달리지 말고(세상과 경쟁하는 일에 끄달려 경쟁하지 말고) 말 위에 올라타 세상을 굽어보며 호령할 사람, 어디 없나요? 한국인 시리즈를 완성해야 하고 생명 자본의 가치를 세상에 널리 알리며 창조의 아이콘으로 멋진 세상을 만들고 싶은데, 가슴 뛰는 사람, 어디 없어요?"

돈이 많아도 불행한 사람이 있고, 돈이 별로 없어도 행복한 사람이 있다. 모든 걸 물질 위주로 생각하는 오늘날의 사고방식은 과잉생산과 더불어 과소비를 낳게 하여, 고장 난 기계와 장비를 수리하기보다는 갖다 버리게 하여, 자연환경의 훼손이 심각하다. 중공업의 발달로 대기오염이 심각하고, 해양과 육지도 모두모두 인간들의 절제 없는 난개발에 몸살을 앓고 있고, 현재도 미래도 끝이 보이지 않는 환경과 대기오염과 인간의 생존에 한판 승부를 겨루고 있는 시점에 와 있다.

『논어論語』에서 공자님도 이렇게 말씀하셨다.

"子曰자왈: 富與貴부여귀, 是人之所欲也시인지소욕야, 不以其道得之불이기도득지, 不處也불처야, 貧與賤빈여천, 是人之所惡也시인지소오야 不以其道得之불이기도득지, 不去也불거야."

해석해 보면 "공자님이 말씀하시길, 부귀는 모든 사람들이 원하는 바이지만, 그 정당한 방법으로 얻은 것이 아닐진대, 누리지 말라. 가난과 천한 생활은 모든 사람들이 싫어하는 바이지만, 그 정당한 방법으로 얻은 것이 아닐진대, 버리지 말라."

우리는 가난해도 행복할 권리가 있고(행복추구권이 헌법에 보장되어 있다.) 부자로서 행복하다면 더욱 좋겠지만, 그 정당하지 않는 방법으로 재물을 축적해서도 안 되고, 너무 물질만능으로 가다 보면, 인간은 더욱 불행해질 요소가 많다. 찰리 채플린이 "인생은 가까이서 보면 비극悲劇이지만, 멀리서 보면 희극喜劇이다." 하였다. 물질적 소유욕에서 벗어난 인간다운 삶을 깊이 있게 생각해 본다.

재테크보다 중요한 건강 관리

모 제약회사의 K 회장은 90세 고령임에도 불구하고 아주 정정하였다. 어느 날 기자가 인터뷰 끝에 질문 하나를 던졌다.
"회장님의 건강 비결은 무엇이라고 생각하십니까?"
"약을 잘 먹지 않습니다."
제약회사의 회장님으로부터 나온 대답은 기자를 깜짝 놀라게 했다. 약의 부작용을 알고 있기 때문에 잘 먹지 않았던 것인지 궁금하다. 또 미국의 한 시골에서 92세 노모를 모시고 병원을 찾은 중년 여인이 있었는데, 그 노인에게 의사 선생이 대체로 건강하다고 일러 주면서, "할머니, 건강 장수의 비결은 뭐예요?"라고 물었다. 의사의 얼굴을 잠시 머뭇거리며 쳐다보던 할머니는 깔깔 웃으면서 말씀하기를, "난 가급적이면 의사와 약을 멀리했지." 의사는 조용히 고개를 끄덕였다.
요즘은 환자의 고통을 들어주는 문진問診보다는 의료장비에 의한 검사 결과에 의존하는 일이 많아졌다. 환자들도 값비싼 의료장비가 있는 곳을 선호한다. 하지만 값비싼 의료장비가 환자의 고통을 듣고 처방하는 문진보다는 뛰어날까! 대부분 아니올시다. 최첨단 MRI, CT는 인체의 기혈의 흐름을 찍지 못한다. '기氣'란 공기와 같은데, 그 흐름을 의료장비로 찍을 수는 없지만 사진四診(망望, 문問, 문聞, 절絶)으로 관찰할 수 있다.

대학병원이나 대형병원들은 그 병원 규모에 비해 응급실은 의료수가가 낮아 병원 수익에 별로 도움이 되지 못한다고 한다. 병원 장례식장에 갔더니 그곳은 또 너무 규모가 컸다. 병원장에게 물어보니 장례식장은 병원 수익에 크게 기여하기 때문이란다. 대형병원을 신축하는 목적이 환자를 위함인지 병원 수익을 올리기 위함인지 병원 관계자들에게 물어보았다. 현행 의료수가가 잘못된 탓이라고 대답한다. 대한민국 서울 시내 대학병원이 보유한 최첨단 의료장비의 수가 영국 전체의 의료장비보다 많다고 한다. 대학병원은 비싼 의료장비의 감가상각비를 지출하기 위하여 환자들에게 불필요하고 무리한 검사를 강행할 수밖에 없다는 것이다. 뻑하면 무슨, 무슨 검사다 하여 환자를 초죽음으로 이끌고 있는 것이 현 실정이다.

본전과 수익을 얻기 위해 가급적 많은 환자들을 검사실로 인도한다. 과거 몇십 년 전처럼 환자들의 고통과 고뇌의 말에는 별로 귀를 기울이지 않는다. 이렇다 보니 해마다 엄청난 의료 사고가 늘어나고 생목숨을 병원에서 잃는 경우가 허다하다. 하지만 법적 책임은 교묘히 피해 가고, 환자 쪽에서 소송을 해도 병원을 이길 확률은 매우 낮다. 또 의과대학 학생들의 수련을 위해서도 어느 정도의 수술환자가 필요하다. 그래서 의사들 자신이라면 하지 않아도 될 수술을 일반인들에게 권고하고 시행한다. 오죽하면 환자들도 권리를 주장하는 권리장정이 있겠는가.

　'환자권리장정'은 큰 병원 한쪽 귀퉁이나 모서리에 있어 눈에 잘 띄지 않는 곳에 두었다. 몇 년 전 우리나라에서도 메르스 사태를 경험했지만 규모가 크다 보니 임상검사나 약제 제조의 실수도 많다. 환자를 부당하게 취급하는 일이 빈번하고 환자가 받는 정신적·신체적 상실감은 더할 나위 없다. 따라서 병원에서 병을 고치기도 하지만 때로는 병을 키우는 경우가 허다하다. 의사들 역시 나쁜 환경에서 근무하다 보니 일반인들보다 건강이 좋지 못하다. 그럼에도 불구하고 의사들은 정기 건강검진을 잘 받지 않으면서도 환자들에게만 정기 건강검진의 중요성을 역설하는 것은 다분히 병원과 의사들의 고수익 보장을 위한 자구책이라 보여진다.

　요즘에는 수백만 원짜리 건강검진도 있다. 첨단 의료장비를 사용하여 여러 가지 검사를 병행한다. 아이러니하게도 일부 학자들은 이런 정밀검사가 오히려 환자에게 해롭다고 말한다. CT 검사를 남용하다 보면 일상 속에서 몇 년간 방사선에 노출되는 것과 흡사한 피폭을 당하기 쉽다. 혹을 떼려다가 혹을 붙이는 격이다. 정밀검사를 하면 할수록 미세한 것들이 발견되는데 웬만한 병들은 스스로 발생했다가 자가면역체제에 의해 스스로 병이 치료되는 것도 수없이 많다. 굳이 그러한 현상을 병으로 다스려 문제 삼을 필요가 있는지 묻고 싶다.

　지금의 의료시스템은 문제가 있다. 의사들도 차분히 천직으로서 환자를 돌보고 싶지만 과도한 의료장비의 감가상각비 등 무리한 지출을 환자라는 고객에게서 뽑아야 하는 과정에서 무리한 진료, 무리한 검사, 무리한 약 처방의 악순환의 고리가 현대의 의료시스템이다. 어떤 의사는 의사가 된 것을 후회한다고 했다. 자상한 의사로서 환자들을 돌보는 의료인이 되고 싶었는데, 돈만 밝히는 나쁜 사람으로 인식되었다는 것이다. 그리고 환자들도 의사에게만 의존하지 말고 어느 정도의 의학상식은 갖고 있어야 한다. 질병마다 사람들의 체질마다 치료 방법이 다르고, 약 처방의 부작용도 있음을 알고 있어야 한다. 그래서 현명한 의사는 치료법을 두고 혼자 고민하지 않고 환자와 충분한 숙의를 걸쳐 치료법을 선택하기도 한다.

모든 일에는 소통의 문화를 강조하면서 의사와 환자의 소통은 왜 소홀한지 의심스럽다. 하나밖에 없는 자신의 생명이다. 전문의라 해서 함부로 맡겨도 되겠는가?

"돈을 잃으면 조금 잃은 것이요. 신용을 잃으면 많이 잃는 것이고, 건강을 잃으면 모든 것을 잃은 것이다."

대한민국은 농업이 대안이다

　금년도(2014년) 우리나라 정부에서 발표한 식량 자급률은 놀랍게도 22.6%밖에 되지 않는다 한다. 그럼 식량의 77%는 외국 수입에 의존하고 있다는 말이다. 물론 여기서 식량이란 쌀, 콩, 밀가루뿐만 아니라 생선, 육고기, 채소와 더불어 과일까지 합하여 통계를 낸 것으로 안다. 그런데도 해마다 무, 배추, 과일(사과, 배, 귤) 등이 과잉생산되어 폐기처분한다고 한다. 원인은 비료와 농약을 준 무기농이기 때문이다. 유기농 채소와 과일은 지금도 태부족이다. 어떤 식품영양학 박사가 시금치 500g의 영양 비율을 조사했는데 유기농 채소와 무기농 채소의 영양 비율은 같은 무게로 측정했을 때 10~20배의 영양소 차이가 난다고 했다. 별 영양과 맛도 없는 대량생산의 무기농이 국민의 건강을 해치고 있을 뿐만 아니라 국민의 희망과 체력까지도 저하시키고 있는 실정이다.
　유기농 쌀, 콩, 수수, 조, 밀, 보리를 생산하려고 한다고 해서 수십 년간 농약 뿌려 오던 땅에 금년 한 해 비료, 농약 주지 않는다 해서 바로 유기농이 되지는 않는다. 그동안 땅이 오랫동안 황폐해 왔기 때문이다. 요즘 어른들이 음식이 옛날 맛과 다르다고 곧잘 표현하는데 그것은 곧 오염된 땅에서 자란 곡식과 채소, 과일이기 때문이다. 문제는 오랫동안 오염된 땅은 유기농으로 전환시킬 수 없느냐이다. 보통 학자들의 견해로는 10~20년 정도면 비료, 농약의 오염에서 벗어날 수 있다 한다. 하지만 오염 중지를 시킨다고 10년 내지 20년 동안 농지를 놀릴 수는 없다. 단지 오염 중지(오중) 1년차, 2년차, … 해서 10년까지 표시하고 이후에는 진실한 유기농작의 땅으로 승인받는 절차를 밟아야 하리라.

　땅이 살아 있고 땅이 온전해야 곡식과 채소, 과일이 온전한 정기(천기, 지기)를 받아서 자랄 수 있기 때문이다. 천기란 공기의 청정과 오염도요, 지기란 땅의 청정과 오염도를 말한다. 맑고 깨끗하고 청정한 천기, 지기가 작용한 농작물은 국민의 희망이고 미래며 국력이다. 왜냐하면 진실한 체력은 국력으로 바로 이어지기 때문이다. 가까운 일본은 먹을거리(농작물)를 엄격히 심사해서 생산과 수입을 한다. 우리나라의 좋은 농산물을 일본에서 수입해 간다. 물론 수출도 중요하다. 수출하는 농산물만큼 우리 국민들이 먹는 농산물도 유기농으로 관리해야 한다. 유기농 쌀, 보리, 콩, 곡식과 채소(무, 배추 등), 과일(사과, 배, 귤 등)은 아직도 태부족이다.

　버려지는 농작물(채소, 과일)은 전부 무기농이다. 버려져서 아깝다는 생각보다 왜 저런 엉터리 농작물을 생산하느라 시간과 인력을 소모하는지 알 수 없다. 좀 더 진정성 있게 차분히 농사(유기농)를 짓는다면 저런 피해는 없을 것이다. 아무튼 식량 자급률 22.6%인데, 77%를 수입해 먹는 폐단을 극복하기 위해서는 우리 모든 농수산물 혹은 축산물까지도 유기농 혹은 깨끗한 생산 라인으로 전환해야 한다.

농자천하지대본農者天下之大本(농사짓는 일이 천하의 근본이 된다)이라, 국민의 희망이요, 미래의 행복 생활의 초점은 농업이 대안이다. 나는 해마다 고산사 채전에 농약, 비료를 거의 쓰지 않고, 그리고 제초제는 일절 쓰지 않고(제초제는 고독성 농약으로 다이옥신, 즉 고엽제가 들어 있다.) 십수 년간 고추, 무, 배추, 상추, 쑥갓, 건대, 아욱, 고구마, 옥수수, 시금치 등을 재배하고 있다. 여름에 풋고추를 먹어 본 우리 신도님은 내게 "이 고추는 종자가 다릅니까?" 하고 곧잘 묻는다. 그러면 나는 "종자는 같은데 밭이 다르지요."라고 대답한다.

올가을에도 고산사 배추로 김장을 담았는데 김치 맛이 천하일품이다. 물론 고산사 물이 좋기도 하지만 채전에서 생산한 채소이기 때문이다. 지난번 불교방송 녹화를 위해서 총무보살 무생지랑 올해 여러 번 서울 행차를 하였을 때도 꼭 배추김치를 가지고 고속도로 휴게소에서 아점(아침 겸 점심)을 했다. 김치가 얼마나 맛있던지 따라온 신도님도 너 나 할 것 없이 김치에 손이 분주하게 오갔다. 여름 채전에도 고추 등 농작물을 가꾸다 보면 밭고랑에서 자라는 잡초와 참비름, 명아주, 쇠비름 등이 자란다. 그러면 잡초만 제거하고 자연으로 자라는 참비름, 명아주, 쇠비름은 따로 채취하여 덤으로 식단에 오른다. 그 역시 시장바닥에서 구할 수 없는 명품 부식이 아닐 수 없다.

우리들의 하천이 오염된 지는 이미 오래되었다. 어릴 때 기억으로는 하천에서 봄, 여름, 가을, 겨울 할 것 없이 수시로 물고기와 우렁이를 잡아서 식단에 올렸다. 죽은 하천, 오염된 하천에서 이미 물고기도 우렁이도 없을뿐더러, 혹 있다 해도 기형의 물고기, 오염된 물고기라 아무도 식단에 올리지 않는 현실이고 보면, 인간들이 대량생산의 탐욕에서 벗어날 수 없다면 앞으로는 더 큰 피해를 입을 수밖에 없다. 미국의 세계적인 시장, 월마트에서도 유기농 농작물이 절정의 인기를 유지하고 있는 이즈음, 우리도 한시바삐 유기농 대국으로 전환하여 온 국민의 체력 증진과 함께 행복한 대한민국이기를 기대해 본다.

분수를 아는 것이 청정이다

　법계法界는 원래로 청탁清濁이 없지만 중생들의 분별심으로 말미암아 청탁이 있습니다.
　대통령의 부인은 영부인, 장관의 부인은 장관 사모님, 평민의 부인은 가정주부, 전업주부, 지게꾼의 부인은 지게꾼 마누라.
　공자님이 말씀하시길, "부부父父, 형형兄兄, 제제弟弟, 자자子子"라 하셨습니다. 아버지는 아버지답고 형은 형답고 동생은 동생답게 아들과 딸은 아들, 딸다워야 아름답고 청정하다 하셨습니다. 마찬가지로 공무원은 공무원답고, 학교 선생은 선생답고, 제자는 제자다워야 아름답고 행복합니다.
　청정이란, 무엇을 하나도 없이 싹 쓸어 버린, 그래서 아무것도 없는 것이 청정이 아니라 검은 유혹에 빠지지 말고 지나치지도 부족함도 없이 본분사에 충실하여 최선을 다하는 모습이라 할 수 있습니다. 그러나 융통성 없이 본분사를 지키겠다고 애쓰는 사람을 아름답다고 못할 것입니다. 제가 아는 60대 초반 불자 부부는 크게 다투지는 않지만 늘 쟁그랑거리며 다투는 편입니다. 남편은 젊어서 경제활동을 하시다가 요즘은 텃밭이나 가꾸고 소일하고 집에 계속 머물러 있습니다. 아무래도 부인이 할 일이 많다 보니 곁에 있는 남편보고 "방 치워라, 그릇 가져 온나, 냉장고에서 찬물 가져오라." 등등 이것저것 시키는 것이 좀 있으니 남편이 "무슨 여자가 남편을 종 부리듯 하나."라며 역정을 내기도 합니다. 부인의 말씀은 같이 늙어 가면서 특별히 경제활동을 하는 것도 아닌데 좀 오순도순 친구처럼 지냈으면 좋겠다는 겁니다.

맞는 말씀입니다. 남자분도 옛날의 권위의식을 개똥처럼, 헌신짝처럼 훌훌 던져 버리고, 알콩달콩 재미있게 지내는 것이 지혜로운 선택일 것입니다. 특별히 경제활동을 하지 않는 한 남자의 권위를 벗어 버리고, 부인에게 올인하여 "마당쇠 여기 있습니다." 하는 현명하고 지혜로운 남편이 있는가 하면, 늙어서도 권위의식에서 벗어나지 못하는 고집 세고 못난 남자도 물론 있습니다. 나이가 들면 남자나 여자나 체력이 떨어지기 때문에 남자가 여자 일을 돕는 것은 여자들의 일이 그만큼 많기 때문입니다. 반면에 부부가 외출해서 대인관계에 있어서는 가장인 남자의 권위를 히말라야 산봉우리처럼 우뚝 세워 줘야 함에도 불구하고 가정에 있을 때처럼 스스럼없이 대하는 무식하고 모자란 부인도 더러 있습니다. 즉 능소능대能小能大 수처작주隨處作主가 깨달음이며 청정이며 아름다움입니다.

우리가 생각하는 청정의 이미지는 '이것이 청정이다. 저것이 청정이다.' 라고 정할 수 없습니다. 왜냐하면 상황에 따라서 항상 바뀌고, 그때그때 모든 장소에서, 시간에서 주인의식으로 정직하고 사려 깊고 평등한 자비심으로 아군과 적군, 친하고 친하지 않고를 분별하지 말고 골고루 이익을 줘야 하기 때문입니다.

대통령의 부인을 영부인이라 하는데, 대통령이 높습니까! 영부인이 높습니까! 대외적으로는 국가원수로서 대통령이 최고의 권위를 가지고 있지만, 대통령을 가장 근접해서 보좌하고 대통령을 길러 내는 영부인이 더 큰 권위로 능력을 인정받을 수도 있습니다. 일제 식민지 시절에 미국에 건너가 독립운동을 하셨던 도산 안창호 선생이 한때 미 대사관의 어느 사택에서 대사관으로부터 어려운 질문을 받은 적이 있습니다.

"선생은 무엇을 잘하십니까?"

도산 안창호 선생은 어학자시고 사학자이시라, 어학도 조예가 깊었고, 역사도 전공하셨지만 분위기를 짐작하건대 그런 흔한 대답을 요하기보단 한국 사람들, 특히 한국의 지성인들은 도대체 무얼 하다가 나라마저 빼앗겼는가 하는 질책으로 아마 들렸을 것입니다. 그러나 만만한 도산 선생이 아니지 않습니까.

"저는 청소를 잘합니다."

하니 의외의 답변에 미 대사관은 깜짝 놀랐습니다. 지금 당장 쓰레받기, 걸레, 빗자루를 주신다면 대사관님의 집부터 청소해서 시범을 보이겠다 하니, 미 대사관은 선생을 높이 보고 가벼이 대하지 않았다는 일화가 있습니다.

고독의 의미

    杜鵑花落石欄干   두견화락석난간
    處處虛堂望眼寬   처처허당망안관
    盡日問花花不語   진일문화화불어
    半窓微雨看靑山   반창미우간청산

두견화 피고 지는 돌난간이여,
곳곳마다 내 집이라 보는 눈도 넉넉하네.
종일토록 꽃에게 물어보지만 대답이 없고
반쯤 열린 창밖, 실비 속에 청산을 보고 있네.
                      —매월당梅月堂, 『사유록四游錄』

  요즘은 혼밥, 혼술, 혼영 등 혼자서 생활을 해결하는 시대다. 우리 주위에는 오늘도 혼자 조석을 끓여서 해결하는 파파노인들도 많다.

그래서 선진국일수록 고독사孤獨死가 많다고 한다. 이 고독을 이기지 못해서 자살하는 사람도 OECD국에서 우리나라가 1위라 한다. 아인슈타인은 이미 상대성 이론을 발표했다. 삶과 죽음은 동전의 양면과 같은 것이다.

고독에 완강히 저항하지 말고 고독을 씹으며 고독과 함께 저 우주의 끝까지 사유하며 고독을 사랑하고 용서하면 어느덧 여럿이 함께할 시간과 장소도 주어진다. 지금 영광의 세월을 누리는 성공자들도 과거에는 이 고독에 사무치게 사유하고 힘들어했던 사람들이다. 빛과 그림자, 밤과 낮, 만남과 이별, 칭찬과 비방, 사랑과 미움, 이익과 손해 등은 이 인간세계에 항상 공존해 왔다.

남편이 소중하고 부인도 중요하고 아들, 딸이 귀중한 줄은 누가 모르겠는가! 가족의 소중함을 백 번, 천 번 강조해도 오히려 모자라겠지만 소중한 인연들도 때가 되면 다 각각 흩어져 제 갈 길을 찾아가야 하는 게 우리네 인생이다. 가족이 있는데도 요즘 혼자 떨어져 사는 사람들이 많다. 왜 가족과 함께 살지 않느냐고 물으면,

1. 혼자 있으니 편하다.
2. 서로 이념적으로 부딪히지 않으니 좋다.
3. 내가 하고 싶었던 것을 해 본다.
4. 자유로이 얽매임 없이 살고 있다. (TV 프로: '나는 자연인이다')
5. 인생과 우주에 대해서, 또 왜 사는지에 대해서 깊이 사유하고 싶다.

등 여러 가지 이유가 있는데 이런 사람들이 더불어 사는 매력과 편안함을 몰라서가 아니다. 고독의 빼어난 즐거움, 그리고 대자연과의 대화를 원하는 인생의 새로운 출발을 원하는 사람이다. 기특한 사람

이라 할 수 있다. 혼자 있음, 즉 고독은 두려운 상황이 아니다. 시작도 끝도 없는 무한의 우주와 깊이 교감할 수 있는 기회다. 이 고독은 인간을 능히 죽일 수도 있고, 평범한 삶에서 크게 도약하는 위대한 삶을 살릴 수도 있다.

- 물은 물결이 없으면 스스로 맑고 거울에 먼지가 끼지 않으면 저절로 밝다. 그러므로 애써 마음을 깨끗하게 하려고 하지 말라. 탐욕으로 흐리지만 않으면 마음은 저절로 맑으며 즐거움을 찾으려고 애쓰지 않아도 괴로운 요소만 버리면 모든 것이 저절로 즐겁다.

　　　　　　　　　　　　　　　　　　　　—『채근담採根談』

- 남이란 타인他人이 아니라 또 다른 나의 모습이다. 남을 남이라고 생각하고 대하는 데서 또한 고독은 찾아온다.
- 안개 낀 거리를 방황하며 제각기 제 갈 길을 찾아 헤매는 것이 인생이다.

　　　　　　　　　　　　　　　　　　　　—헤르만 헤세

- 고독을 자발적으로 찾아가는 사람만이 고독의 매력을 깊이 알 수 있다.

　　　　　　　　　　　　　　　　　　　　—마하트마 간디

　아무리 가족이 많아도 인간은 고독한 존재임에 틀림없다. 숙명적으로 전수받은 이 고독을 깨닫는 것이 지혜로운 삶이다.

비밀을 관리하는 세 가지

　함부로 말할 수 없는 비밀은 누구에게나 있을 수 있다. 비밀이 없는 사람이 어디 있겠는가! 하지만 비밀이 많으면 인생이 고달프다. 가급적 비밀은 생활의 2% 내외에 그쳐야 삶이 자유롭다. 그러나 꼭 지켜야 할 비밀을 갑갑한 심정으로 누구 친한 사람에게 솔직히 털어놓아도 화근禍根이 될 수 있다. 비밀을 오래 간직하다 보면 두려움과 답답한 심정이 되어 우울증에 걸릴 수도 있다. 이럴 때 가장 안전하고도 갑갑한 우울증을 풀 수 있는 방법이 몇 가지 있다.
　첫째는 독백獨白으로 자신이 자신에게 문답하며 대화하는 것이다. 마치 미친 사람이나 바보 같은 느낌이 들겠지만 스스로의 우울증을 해소하면서 비밀을 안전하게 지키는 훌륭한 방법이다.
　둘째는 동물에게 말하는 것이다. 애완견이나 소나 말은 오랫동안 함께 해 온 주인의 감정을 예민하게 주시하고 대충 말이나 감정도 알아차린다. 하지만 표현은 잘 못한다. 그러므로 일단 안전하다. 가슴도 시원하게 열릴 수 있다.

　셋째는 자신이 아끼는 사물이나 좋아하는 자연에 말하는 것이다. 자신의 귀중품, 사용하는 가구나 건물에 말하거나 자연경관(달, 강물, 시내, 정자, 빼어난 경치, 바다 등)에 비밀을 말하는 것이다.

　이 세 가지 방법으로 비밀을 누설하는 것은 자신의 갑갑한 가슴과 숨통을 열어 주지만, 타인에게 누설되어 위험한 경지에는 이르지 않는 방법이니 한번 시험해 보시기 바란다. 이외에도 종교인이라면 자신이 믿고 의지하는 신불神佛(부처님, 하나님, 기타 신들)에게 비밀을 가만히 털어 놓고 고백하는 방법도 좋다고 본다. 비밀이 쌓이면 병이 되고, 많으면 고달프고 우울해진다. 말로 표현하면 재앙이 될 수 있는 비밀은 이렇게 지킬 수 있다.

각국의 중산층의 기준

1. 한국
① 부채 없는 아파트 30평㍽ 이상 소유
② 월급 400만 이상
③ 자동차 2,000cc 이상 소유
④ 예금 잔고 1억 이상 소유
⑤ 해외여행 연 1회 이상

2. 프랑스
① 한 가지 외국어 구사 능력
② 즐기는 스포츠가 1가지 이상
③ 다룰 줄 아는 악기가 1가지 이상
④ 차별되는 요리 솜씨 1가지 이상
⑤ 사회적 공분公憤에 참여하는 것

⑥ 약자를 돕는 자원봉사활동을 꾸준히

3. 영국
① 페어플레이를 하는 것(놀이를 즐김)
② 자신의 주장과 신념을 가질 것(인생관)
③ 독선으로 행동하지 않는 것(배려심)
④ 약자를 돕고 강자에 대응하는 것(사랑)
⑤ 불의, 불평등, 불법에 의연히 대처하는 것(정의감)

4. 미국
① 자신의 주장을 떳떳이 표현할 것(눈치 보지 말고)
② 사회적 약자를 돕는 봉사활동(사랑)
③ 부정부패에 저항하는 것(정의감)
④ 정기적으로 보는 비평지가 있는 것(예지력)

한국의 중산층 기준은 온통 재산과 돈에 있다. 그러나 프랑스, 영국, 미국은 돈 이야기는 없고 사회정의의 실천과 자신의 신념, 봉사활동, 스포츠, 예능을 들고 있다. 어느 나라가 더 값진 인생에 초점을 맞추고 있는지 살펴볼 일이다. 따라서 행복전문가 에드 디너 교수의 한국 사회 진단이 실감난다. "한국 사회는 지나치게 물질 중심의 가치관을 가지고 있으며, 사회적 인간관계의 질이 저속하다. 특히 경제 중심의 가치관은 최빈국인 짐바브웨보다 심하고, 다른 나라보다 돈에 집착하는 경향이 월등히 높다."라고 평했다.

한국 사회의 질 낮은 행복감의 원인은 바로 경제, 경제, 경제하고 부르짖는 (역대 대통령이나 지도자들 모두) 물질만능주의에 집착하는 까닭이다. 이로 인해 ① 야간의 주간화, ② 휴일의 평일화, ③ 가정의 초토화焦土化, ④ 라면의 상식화常食化, ⑤ 재물의 신격화로 말미암아 인생이 먼저인지 돈이 먼저인지 알 수가 없는 사회가 되어 버렸다.

마음을 살피는 일이 가장 현명한 일

深沈無語意彌長   심침무어의미장
妙理誰能敢度量   묘리수능감도량
坐臥行來無別事   좌와행래무별사
心中察念最堂堂   심중찰념최당당

깊이 잠겨 말이 없으면 뜻이 더욱 깊고
묘한 이치, 누가 능히 헤아리리오.
앉고 눕고 가고 오매 별 일 없으니
마음속의(일어나는) 생각을 살피는 일이 최고 당당하네.

 매 순간순간에 일어나는 (자기의) 감정과 생각을 살펴보는 일이 곧 도道를 살피는 일이 된다. 일어나는 생각과 감정대로 움직이다 보면 허수아비가 되어 수많은 고통과 지옥地獄을 맛볼 것이다.

靜觀萬物정관만물하라.
百事大吉백사대길하리라.

마음을 고요히 하여 만 가지 일을 살펴라.
여러 가지 일에 크게 이로우리라.

일이란, 사람답게 존재하는 방식

　노동勞動은 정신노동과 육체노동과 휴식이 있다. 휴식休息이 왜 노동에 포함되느냐 하면 질 좋은 휴식이 있어야 질 좋은 노동이 탄생하기에 노동의 연장선상에서 휴식은 노동에 포함된다.
　일이란 자연이 인간에게 내린 최상의 선물膳物 중의 하나다.

- 일의 종류 혹은 유형
    생계를 위한 노동(직업, 직장)
    출세와 성공을 위한 노동(명예직)
    사명감으로 하는 일(자원봉사)
    문화와 예술의 창작으로 하는 노동(문화, 예술의 발견)
    하고 싶은 일을 하는 것(창작활동, 여행, 소품 제작, 전원생활, 환경미화 작업 등)

- To be or not to be that's question!
  (사느냐 죽느냐 그것이 문제로다)

- 연극을 보고 듣는 것이 있지만 듣는 것이 더 중요하다. 보는 것은 무대 장치와 배우들의 활동 모습이요, 듣는 것은 시대를 풍자하는 문물의 유희遊戱가 있다.

- 좋은 옷을 입고 값비싼 보석을 몸에 걸치는 것보다 훨씬 더 아름답고 훌륭한 모습은 학문적 깊이와 인문학적 가치에 있다.

- 사랑의 반대말은 증오憎惡가 아니라 무관심無關心이라고 한다.

- Dream is no where: 꿈(희망)은 어디에도 없다.
  Dream is now here: 꿈(희망)은 지금 여기에 있다.
  오늘 내가 생각하고 말하고 행동하는 것이 긍정적肯定的이냐 부정적否定的이냐에 따라서 내 인생의 운명이 결정되는 것이다.

- 나이는 숫자에 불과하다. 열정熱情이 있는 한 죽을 때까지 전혀 늙지 않는다.
  미국 최고의 민속화가로 불리는 '그랜드마 모제스'는 10남매를 길러 낸 평범한 주부였다. 75세에 그림을 시작하고 101세에 세상을 떠날 때까지 1,600여 점의 작품을 남겼다.

- 추억이 많아지고 핑계가 많으면 늙은이가 되고 (나이에 상관없이) 꿈이 많으면 늙지 않는다. 무언가를 시작하면 그때가 가장 좋

은 시절이고 가장 젊은 때이다.

• 하루를 연습하지 않으면 자신이 알고
  이틀을 연습하지 않으면 아내가 알고
  사흘을 연습하지 않으면 청중聽衆이 안다.
  　　　　　　—20세기 최고 지휘자 레너드 번스타인

• 행복은 많이 가지는 것이 아니라 지금 내가 가진 것에 만족하고 잘 활용하는 것이다.

• Grand Tour(대륙 여행)
  여행을 즐기고 휴식을 즐기는 자는 거기에서 큰 아이디어가 나온다. 배우고 영감을 얻고 동기부여를 받는다.

• 웃는 얼굴은 1달러의 자본금이 들지 않지만 100만 달러의 가치를 낳는다.
  　　　　　　　　　　　　　　　—데일 카네기

• 위기危機라는 단어는 두 가지 뜻으로 이루어져 있다. 하나는 위험하다는 뜻이고 하나는 기회機會라는 뜻이다.
  　　　　　　　　　　　　　　　—존 F. 케네디

지혜로운 삶이란

믿음이 가장 큰 재산이요
베풀고 나눌 줄 아는 것이 가장 큰 즐거움
맛 중에는 진실한 맛이 으뜸이요
지혜로운 삶이 가장 훌륭한 삶이니라.

─숫타니파아타

우리나라는 과거 60년대보다 부$_富$를 300배 이상 누리고 있지만, 행복이 10배나 100배 불어난 것은 아니다. 어쩌면 빈부격차가 심해질수록 절대 빈곤보다는 상대적 빈곤에 불안해하고 소외감을 느끼는 정도가 심하여, 행복지수가 결코 늘어났다고 말할 수 없다. 왜냐하면 비교해서 만족하기보다 사회가 경쟁심을 유도해 불평불만을 조장시키는 사회나 국가체제가 되어 가고 있기 때문이다.

60년대 미국 대통령 존 F. 케네디가 말했다. "인간이 개발을 중지하지 않으면 개발이 인간의 삶을 종식시킬 것이다."라고. 그 당시로서는 좀 이른 평가였으나, 오늘날 지나친 개발과 과잉생산으로 인해 지구촌은 몸살을 앓고 있으며, 지구촌 곳곳에서 이상 기후로 인한 폭설과 폭우나 지진, 해일들이 끊임없이 일어나고 있다.

또한 환경오염 중에 가장 큰 골칫거리는 '미세먼지'라 할 수 있다. 초미세먼지는 폐에서도 걸러지지 않고 우리 몸속에 쌓인다 하니, 각별히 신경을 써야 한다.

우리는 때때로 몸과 마음의 진정한 휴식이 필요하다. 그래야 생활 전선에서 에너지를 분사하며 열심히 자신의 기량을 최대한 발휘할 수 있을 테니까.

- **치유治癒의 소리**
  가벼운 바람과 함께 비 오는 소리
  나뭇가지에 바람 스치는 소리
  시냇물이 한가로이 흐르는 소리
  사찰에서 들리는 풍경 소리
  청아한 목소리로 염불하는 스님의 독경 소리
  깊은 산속에서 떨어지는 폭포수 소리
  다라니 독송하는 소리
  향 내음을 맡으며 정근기도하는 소리

이런 소리들은 우리들의 마음을 편안하게 해 주는 치유의 소리며 백색음白色音이라 한다.

• 세상은 아는 만큼 보인다

  자신이 세상을 보고 듣고 느끼고 안다고 판단하는 것이 빙산의 일각氷山一角이 되지 않을 수도 있다. 고정관념과 선입견을 벗어나기가 그만큼 어렵다는 이야기다.

  산중에 한 큰 소나무가 있다고 하자. 화공이 보면 아름다운 풍경화의 소재가 되겠지만, 목수가 볼 때에는 큰 집을 지을 때 쓰일 대들보감으로 생각할 것이고, 나무꾼이 보기엔 좋은 화목의 장작감으로 볼 수도 있다. 힐링하는 약초꾼이 보면 송진이나 솔잎으로 차나 발효음식으로 시민들의 건강한 음식으로 만들 것을 구상할 수 있다. 자신이 보는 견해가 진리의 일부분임을 깨닫는 사람이 보다 창의적이고 발전성이 있다.

亦莫戀此身　　역막연차신
亦莫厭此身　　역막염차신
此身何足戀　　차신하족연
萬劫煩惱根　　만겁번뇌근
此身何足厭　　차신하족염
一聚虛空塵　　일취허공진
無戀亦無厭　　무연역무염
始是逍遙人　　시시소요인

이 몸에 연민을 느끼지도 말고
이 몸을 싫어하지도 말라
이 몸을 어찌 아끼리오
만겁 번뇌의 근본인 것을

이 몸을 왜 그리 싫어하는가
한 덩어리 허공의 티끌인 것을
연민도 집착도 싫어도 말아야
비로소 자유인에 가깝다 하리.

—중도관中道觀

새벽 단상

내게 기쁨을 준 사람들과 슬픔을 안겨 준 사람들도
나를 비난하는 사람들과 칭찬하는 사람들도
내 눈에 보이는 그 무엇이든지,
보이지 않는 그 무엇이든지, 나 아닌 것이 없다.
그런 상황을 깨닫고 포용하기까지
많은 인내심과 확고한 깨달음이 있어야 한다.
지금, 이 시대는 빨리 가야 하고, 많이 알아야 하고,
높이 가야 하고, 많이 가져야 하는
똑똑한 병에 걸려 병의 뿌리가 깊다.
다 가지고도 무척이나 불행한 똑똑한 바보들이 많다.

이 세상에는
돈과 명예를 상당히 갖추고도

불행한 사람이 있고
돈도 없고 명예도 없으면서
행복한 사람이 있더라.

청렴과 청빈한 생활

　청렴清廉은 영어로 upright 혹은 integrity라 하고, 청빈清貧은 honest※ porverty※라 한다. 청렴은 올바르고 강직한 삶을 말한다. 부富를 추구하지도 가난을 추구하지도 않고, 부를 배격하거나 가난을 피하려고 하지 않는 삶을 말하는 데 비해, 청빈은 올바르고 가난한 삶이다.
　물질적 부를 추구하지는 않지만 정서적인 만족을 구하는 삶이다. 즉 안빈낙도安貧樂道와 자발적自發的 빈곤貧困의 삶이라 할 수 있다. 청렴하다는 것은 사회적 지위가 있으면서도 올곧게 살아가는 사람이다. 청빈한 삶이란 대체로 사회적 지위를 내려놓고 정원庭園※과 목가적牧歌的※인 생활을 하면서 출세간적이고 대자연적·우주적 사색思索

※ honest: 정직한, 솔직한, 성실한.
※ porverty: 가난, 빈곤, 빈약.
※ 정원庭園: 잘 가꾸어진 뜰.
※ 목가적牧歌的: 자연을 노래하는 낙천적인.

을 즐기는 감성이 풍부한 사람이다. 소위, 돈은 없지만 마음만은 누구보다 부자인 걸출(傑出)한 사람이다.

철학적 사유는 왜 필요한가

1. 개념概念
철학哲學이라는 용어는 그 철학이 갖는 포괄성包括性과 다양성多樣性 때문에 하나의 개념으로 정의定義하기가 어렵다.

2. 삶의 본질本質에 대한 탐구
동서고금의 여러 철학자들은 철학이 '인간이 인간답게 살아가는 데 대한 학문으로 보았다.' 즉 인생관人生觀과 사회관, 국가관, 세계관을 자신의 기준으로 세울 수 있다.

3. 사유思惟의 과정이 필요
어떤 대상에 대한 보편적普遍的이고 본질적本質的인 것을 파악把握하는 이성적理性的인 작용을 의미한다.

4. 철학하는 태도

사유의 근본은 질문에서 시작된다. 즉 모든 현상과 사물에 대한 '이것은 왜 그럴까?' 라는 질문을 던져 그에 대한 해답을 끝없이 추구해 가는 모습이 바로 철학하는 태도이다. 어느 누구도 관심 갖지 않고 문제 삼지 않는다면 철학적 사유는 아무런 진보를 할 수 없다. 그래서 철학자는 따로 특정한 사람이 없다. 누구든지 질문의 질문을 거듭 던지며 해답을 찾아 나서는 것이다.

5. 주체적인 삶의 발견

철학하는 태도는 타인이나 타성의 삶에서 주체적이고 자신의 삶으로 이끌어 준다. 일반적인 사람들은 철학이라 하면 특정한 사람들이 즐기는 지적知的 유희遊戲라는 편견을 가질 수 있다.

6. 철학으로 본 존재의 의미

생존경쟁에서 오는 눈앞의 현실에서 하찮은 가치관에 얽매이다가 보다 넓은 지혜로 성숙한 삶으로 이끌어 준다.

① 인간다운 삶, ② 지혜로운 삶, ③ 아름다운 삶, ④ 여유로운 삶(반드시 물질적 여유만을 말하지 않는다.), ⑤ 비전 있는 삶, ⑥ 성숙한 삶, ⑦ 행복한 삶, ⑧ 위험스럽지 않고 안전한 삶, ⑨ 보람 있는 삶으로 유도誘導해 준다.

7. 위치位置 파악把握

지금 내가 서 있는 '위치'를 바르게 파악해야 한다. 현재 위치를 알려면 현재의 일이나 상황에서 한 걸음 물러나 봐야 잘 볼 수 있다. 그리고 나서 나는 과연 어디로 가야 하는가? 즉 삶의 방향성을 여러 길

가운데서 가장 자신에게 맞고 합리적이고 이상적인 방향을 선택한다. 일단 삶의 방향이 정해지면 다음에는 살아가는 '속도 조절'이다. 과속을 하면 사고가 나서 불행해질 수 있고 너무 느리면 게을러질 수 있으니 나와 타인에게 비루해 보일 수 있다. 과속과 저속도 아닌 적절한 속도로써 '철학이 담긴 알찬 삶'을 각자의 방향성과 적절한 속도 조절로 지혜롭고 행복하게 살아 보세.

8. 철학의 유형

A 경험철학: empirical philosophy, emperimental philosophy

A′ 사변철학: experimental philosophy

B 비판철학: critical philosophy

B′ 분석철학: analytical philosophy

C 자연철학: natural philosophy

C′ 법철학: philosophy of law

D 동양철학: Oriental philosophy

D′ 서양철학: Occidental philosophy

E 실존철학: existential philosophy, existentialism

E′ 실증철학: positive philosophy, positivism

F 사회철학: social philosophy

F′ 역사철학: philosophy of history

G 예술철학: philosophy of art

G′ 언어철학: philosophy of language

H 도덕철학: moral philosophy

H′ 칸트철학: the Kantian philosophy

9. 철학용어와 응용

- 철학적: philosophical
- 철학적 사색: philosophical speculation
- 철학을 연구하다: study philosophy
- 철학사: the history of philosophy
- 철학서: a philosophy book
- 철학자: philosopher
- 그는 낙천적인 인생철학을 가지고 있다: He has an optimistic philosophy.
- 나에게는 나대로의 철학이 있다: I have a philosophy of my own.
- 인생관: an outlook on life(an outlook a view of life)
- 세계관: an outlook on the world(an outlook on view of the world)

철학이 없는 신앙은 맹신이요, 신앙이 없는 철학은 불구자와 같다.

―아인슈타인

오늘, 지금

내 인생에서 가장 행복한 날은 언제인가?
바로 오늘이다.
내 삶에서 최절정의 날은 언제인가?
바로 오늘이다.
내 생애에서 가장 귀중한 날은 언제인가?
바로 오늘 지금이다.
어제는 지나간 오늘이며 내일은 다가오는 오늘이다.
그러므로 오늘 하루하루를 이 삶의 전부로 느끼며
사는 사람이 주인공이다.

음식물이 아무리 맛이 있어도 소금이 있어야 하며
소금보다 더 귀중한 것은 황금이다.
소금을 살 수 있으니까.

황금보다 더 소중한 것은 바로 지금이다.
지금 시작하고 느끼지 못하면
다시, 다른 시절은 기약할 수 없다.

아름다운 사람

생각이 아름다운 사람, 꽃보다 아름답다.

남을 먼저 배려配慮하는 사람.
어떤 유혹誘惑에도 쉽게 넘어가지 않고,
정의正義로운 신념信念이 확고부동確固不動한 사람.
솔선수범率先垂範하는 사람.

이익利益을 보고 한발 물러서는 사람.
화를 내지 않고 고통을 웃음으로 푸는 사람.
슬픔에 깊이 잠겨 있어도 세상을 비난非難하지 않고,
자신의 지혜智慧와 복덕福德이 부족하다고 말하는 사람.
모든 부정적否定的인 상황狀況에서도
긍정적肯定的인 에너지를 찾아내는 사람.

모든 사람이 위기라 해도 차분히 기회를 찾아내는 사람.
가진 게 많고 지식智識이 풍부해도 우쭐거리지 않는 사람.
감당堪當하기 어려운 시련試鍊을 당하여 눈물로 하소연하며 기도祈禱하는 사람(자신이 의지하는 종교에).
때때로 깊은 명상瞑想에 들어 무아無我의 상태狀態에서
우주적宇宙的 체험體驗을 하는 사람.

이런 사람이 보석보다 빛난다.
남이 보기에도 좋고, 자신도 행복하다.
이 짧은 한 세상
누구나 아름답게 살 권리權利가 있다.

마전작경 磨塼作鏡

 마조 대사는 사천성 사람으로 성은 마씨馬氏다. 선사의 행적의 독특한 점은 그가 돌아가시는 날까지 그의 속성인 '마씨'로 불리었는데, 마씨 가문에서 태어났기 때문에 마조馬祖라 하였다. 예로부터 속성으로써 한 종파의 조사를 부른 예가 있는데 화엄종의 조사인 두순杜順(557~640)이나 부대사傅大士(497~569), 신라의 무상 대사(680~756)를 김화상金和尙이라고 부른다. 아무튼 마조라는 호칭은 선종사禪宗史에서 한 획을 그었다. 마조 대사가 태어난 사천성은 중국사의 걸출한 인물들이 많다. 마조 다음 세대인 규봉종밀이나 임제 선사, 시인 소동파도 사천성 출신이고 덩샤오핑(등소평) 등 현대 중국을 이끈 인물들도 이곳 태생이 많다.
 마조 대사는 고향 마을에 위치한 '나한사'에 출가해 자주資州의 당화상唐和尙(덕순사의 처적)에게 머리를 깎고 유주의 원율사에게서 구족계(비구계)를 받았다. 마조가 수행을 위해 형악 전법원에서 수행하고 있을 때 남악 회양 선사(677~744)를 만났다. 남악은 그가 법기 法器임을 알아보고 다음과 같이 물었다.

"대덕은 무얼 하려고 좌선을 하는가?"

"부처가 되려고요."

그러자 회양 선사는 암자 앞에 있는 돌 위에 기와를 갈기 시작했다.

"큰스님, 무얼 하려고 하십니까?"

"기와를 갈아서 거울을 만들려고 한다."

"기와를 갈아서 어떻게 거울을 만듭니까?"

"그렇다면 어떻게 좌선만으로 부처가 될 수 있겠는가?"

"큰스님, 그러면 어떻게 공부를 지어 가야 합니까?"

"소가 수레를 끌고 가는데, 수레가 만일 나아가지 않는다면 그대는 수레를 채찍질해야 하는가? 아니면 소를 채찍질해야 하는가?"

마조 스님이 아무 말도 못하자 회양 선사가 다시 물었다.

"자네가 지금 좌선坐禪을 익히는 것인지 좌불坐佛을 익히고 있는 것인지 알 수 없네. 만일 좌선을 익히고 있는 중이라면 선이란 결코 앉아 있는 것이 아니며 혹시 그대가 좌불을 익히고 있는 중이라면 부처는 원래 정해진 모양새가 없다는 사실을 명심하게. 머무르지 않는 법을 놓고 취사선택取捨選擇을 해서는 안 되네. 그대가 혹 좌불을 흉내 내려 한다면 그것은 곧 부처를 죽이는 행위와 다름없고, 할 일 없이 앉음새에 집착한다면 정작 참선의 참뜻을 몰라서 깊은 이치에 도달할 수 없을 것일세."

마조가 이 말을 듣고 활연히 깨달은 바가 있어 스승께 감사의 절을 올렸다. 이 이야기가 선종사에서 그 유명한 '마전작경磨塼作鏡(기와를 갈아서 거울을 만든다)' 이다.

얼마 후 마조는 정진의 결과로 스승의 인가를 받았다. 깨닫고 난

뒤 10여 년간 스승을 시봉한 뒤 복건성福建省 건양建陽의 불적령佛跡嶺 성적사에서 처음으로 법을 설했다(개당설법開堂說法). 이때가 마조 나이 34세였다.

마조는 강서성江西省 일대에서 선종을 펼쳤는데 이곳 지방장관 배공裵公의 귀의를 받았다. 배공의 귀의로 말미암아 마조교단은 크게 번창하는 계기가 되었다. 769년에 마조의 중심 행화지行化地(교화를 드리운 곳)였던 개원사開元寺 주지로 부임하였다. 이때 많은 수행자들이 마조 밑으로 구름처럼 모여들었다. 강서 지방 일대에 48좌(설법 장소)의 마조 도량이 건립되었다. 지금도 그 유적 가운데 명확한 장소가 28곳이 발견되었다.

마조는 만년(788년) 정월에 강서성 건창 석문산에 올라 숲속을 거닐다 평탄한 골짜기를 보더니 시자에게 말했다.

"다음 달에 나의 육신이 이곳으로 돌아오게 되리라." 하고 예언했다. 돌아와 얼마 안 돼 병이 들었다. 원주 스님이 병문안을 올리면서 여쭈었다.

"스님께선 요즘 몸은 어떠하신지요?"

"일면불日面佛 월면불月面佛이라."

이것이 마조 선사의 최후의 임종게이자 법문이다. 일면불과 월면불의 수명은 각각 1800년과 하루 밤낮이다. 장수와 단명을 상징하는 화두이다. 대사는 2월 1일 세수 80세, 법납 60세로 무병장수로 입적하셨다. 장소는 석문산 늑담사(현 보봉사)이다.

마조 선사의 문하에는 출가인 재가인 제자가 기라성같이 많았다.

결초보은 結草報恩

　춘추 전국 시대 진晉나라 문공 때 일이다. 위무자 장군이 있었는데 그에게 '조희'라는 아름다운 첩과 본처에게 난 큰아들 '위과'와 작은아들 '위기'가 있었다. 항상 전쟁터에 나갈 때는 두 아들에게 "내가 죽거든 너의 작은어머니를 좋은 곳으로 시집보내라."라고 하였다. 그러나 아버지는 전쟁터에 죽지 않고 병을 얻어 돌아가실 쯤에 "너의 작은어머니를 내 곁에 묻어 달라."라고 했다. 얼마 후 아버지가 돌아가셨고, 형제가 의논했다. 아버지 유언대로 작은어머니를 순장하자고.
　그러나 형 '위과'의 생각은 달랐다. 아버지가 건강하시고 정신이 맑으셨을 때는 작은어머니를 시집보내라 하셨고, 병들어 나약하셨을 때는 순장하라 하셨으니, 아버지의 정신이 맑으셨을 때의 말씀을 존중하는 것이 옳다 하고, 장례를 마치고 작은어머니를 가문이 괜찮은 좋은 곳으로 시집보냈다.

훗날 위과가 아버지의 벼슬을 이어받아 장군이 되어 이웃 진秦나라와 전쟁을 하게 되었는데, 진秦나라 장군 두회는 매우 용맹스럽고 병법에 뛰어났다. 첫 싸움에서 진秦나라 두 장군에게 크게 패하여 전의를 잃고 어느 곳에 진을 치고 있었는데 그날 저녁 진晉나라 위과 장군의 귓전에 "청초파, 청초파로."라고 속삭이는 소리가 들렸다. 척후병에게 이 근방에 청초파라는 지명이 있는지 알아보라 했다.

척후병이 과연 그러한 지명이 있다 하여 그리로 군대를 옮기고, 그다음 날 기세등등한 진秦나라의 두회 장군과 다시 일전을 겨루게 되었다. 하지만 두 장군과 그 군대의 기마병 등이 풀에 말들이 걸려 넘어져 말을 버리고 걸어서 전투를 걸어왔다. 그러면서도 계속 풀에 걸려 넘어져서 어렵지 않게 두회 장군을 사로잡을 수 있어 전공을 크게 세웠다. 그리고 이튿날 밤 꿈에 어떤 노인이 풀을 묶으면서 위과 장군에게 말했다. "나는 네 서모인 조희의 아버지다. 내 딸을 좋은 곳으로 시집보내 주어서 미약한 힘으로나마 풀을 묶어서 너의 은혜에 보답한다." 하였다. 이로써 결초보은結草報恩이란 명구가 생겨났다.

이로써 볼 때 인과因果의 법칙法則이 역력함을 알겠다. 진晉나라 위과 장군이 용맹스럽고 전투에 뛰어난 진秦나라 두회 장군을 포로로 잡을 수 있었던 것은 오로지 서모에 대한 선한 생각으로 시집보냈기에, 착한 인과가 따르는 것이 형상에 그림자가 따르는 것과 같다 할 것이다.

관포지고管鮑之交

莫妄想 好參禪　　막망상 호참선
不知終日爲誰忙　　부지종일위수망
若知忙中眞消息　　약지망중진소식
一孕紅蓮生沸湯　　일잉홍련생비탕

망상 피우지 말고 참선 공부를 잘하라.
온 종일 누구를 위해 바쁠 것인가!
만약에 바쁜 가운데서 한가로운 소식을 안다면
한 송이 홍련이 끓는 물속에서 피어나리.

　지금으로부터 2700여 년 전 춘추 전국 시대에 활약한 제나라 재상(요즘의 국무총리)인 관중管仲과 그의 죽마고우竹馬故友였던 포숙아鮑叔牙에 대한 고사성어故事成語다.

왕위 계승권을 둘러싸고 환공과 규糾라는 형과의 사이에 골육상쟁의 분쟁이 전개되었다. 결국 환공이 규를 타도하고 즉위했는데, 이 분쟁에서 관중管仲을 구해 준 것은 환공의 참모로 있던 포숙아였다. 나중에 관중은 포숙아의 우정을 이렇게 회상하고 있다.

"나는 옛날에 빈곤했던 시절에 포숙아와 동업으로 장사를 한 적이 있었다. 이익을 분배할 때는 내 몫을 좀 더 많이 챙겼으나 그는 나를 욕심쟁이라 욕하지 않고 변함없는 우정을 주었다. 내가 좀 더 가난하다는 이유로 이해해 주었다. 또 어느 한때 그에게 공명功名을 얻게 해 주려다 도리어 그를 궁지에 빠뜨리게 한 적도 있었다. 그러나 그는 나를 어리석은 자라고 욕하지 않았다. 세상살이는 아무리 잘 준비하여도 잘 되지 않는 경우가 있다는 것을 알고 우정을 버리지 않았다. 또 한 예로 나는 여러 번 벼슬길에 올랐으나 오래가지 못하고 번번이 면직당했지만 그는 나를 무능한 놈이라고 하지 않았다. 그것은 내가 아직 때를 만나지 못했음을 헤아려 알고 있었기 때문이다. 또 어느 때는 내가 전장에 나가 싸워서 패해 도망쳐 돌아왔지만 그는 나를 겁쟁이라고 욕하지 않았다. 나에게는 연로하신 어머님이 계시다는 것을 알고 있었기 때문이다. 그리고 공자公子인 규가 왕위 계승에서 패배했을 때, 면목 없이 살아서 체포되어 목숨이 경각에 처했을 때도 나를 파렴치한 놈이라고 업신여기지 않고 적극 간언하여 구해 주었다."

그래서 "생아자生我者는 부모요, 지아자知我者는 포숙아鮑叔牙다."라고 하였다. 이와 같은 두 사람의 우정을 세상 사람이 '관포지교管鮑之交'라 하여 두터운 신의信義의 우정이라 한다.

포숙아는 관중을 제나라의 재상으로 천거한 뒤 자신은 관중보다 낮은 벼슬자리에서 있으면서 환공을 섬겼다. 그것을 본 그 시대의 사람들은 관중의 뛰어난 경륜을 칭찬하기보다는 포숙아의 깊은 우정과 사람 됨됨이를 높이 평가하여 오늘에 이르렀다. 그리하여 환공을 섬기게 된 관중은 이후 40년이란 긴 세월에 걸쳐 재상을 봉직하면서 약소국에 지나지 않았던 제나라를 최대 강국인 오패五覇에 들게 했다. 어떻게 하여 이 같은 급성장이 가능했는가? 그 비결은 관중이 저술한 『관자管子』에 있다. '자'라는 뜻은 위대한 스승이란 뜻이다. 관중이 부르짖은 도덕의식道德意識의 구체적인 내용을 보자.

첫째, 예禮란 절도節度 있는 생활이다.
둘째, 의義는 자기 자랑을 하지 않는 것이다.
셋째, 염廉은 자신의 허물을 숨기지 않는 것이다.
넷째, 치恥는 남의 악행惡行에 끌려 들어가지 않는 것이다.

관중은 이 네 가지 덕德을 들어 말하고 있다.

사람들이 절제 있는 생활을 하면 질서는 유지되고, 누구나 자기 선전이나 자랑을 하지 않으면 거짓은 사라진다 한다. 자기의 허물을 숨기려는 사람이 없으면 부정不正은 자연히 없어진다. 남의 그릇된 행동을 보고 배우지 않으면 사악한 일들이 일어나지 않게 된다는 이야기다. 만약 여기서 한 가지라도 잃게 되면 나라의 안정을 보장할 수 없으며, 두 가지를 잃게 되면 나라가 크게 기울게 되며, 세 가지를 모두 잃게 되면 혁명이 일어나고 나라가 전복될 위기에 처한다.

네 가지를 모두 잃게 되면 그때 국가는 완전히 멸망하게 된다 한다. 안정은 되찾을 수 있고 기울거나 흔들려도 혁신하여 고쳐 세울 수 있지만 아주 나라가 멸망하게 되면 그때는 어찌할 도리가 없다고 설파한다. 따라서 관중은 나라와 정치의 근본根本은 도덕의식의 고취鼓吹라 말하고 있다.

당랑규선 螳螂窺蟬
―자기 자신을 돌아보라

사마귀가 매미를 잡으려고 노려보고 있다는 뜻.

『설원說苑』※의 담총談叢에 이르기를 춘추 시대 오나라 왕 부차夫差와 그 아들 우友의 대화에서 "사마귀는 매미를 잡으려고 노려보고 있고, 새는 또 사마귀를 먹잇감으로 노려보고 있고, 활시위를 겨누고 부차의 아들이 새를 또한 노려보고 있고, 아들의 발 앞에는 물웅덩이가 있어, 한 치만 어긋나도 아들은 바로 그 물웅덩이에 빠지는 위험에 처해 있다."

'당랑규선'은 눈앞의 목표에만 치중하여 자신을 향하여 달려오는 위험을 알지 못하는 게 우리 인생이라는 것이다.

※ 설원說苑: 편저자는 유향劉向, 기원전 6세기의 인물.

관견管見

 대롱으로 본 하늘이 하늘의 전부라고 우기는 것을 관견이라 한다.
 『사기열전』에 보면 명의 편작扁鵲이 괵나라에 이르렀을 때, 마침 태자가 병을 얻어 숨을 거두었다고 했다. 그는 중서자中庶子라는 관료를 만나 병증과 죽음에 대해 물어본 뒤에 "선생이 보는 방법은 마치 대롱으로 하늘을 보고 틈새로 무늬를 보는 것과 같다. 태자는 아직 죽지 않았다. 내 말이 믿기지 않거든 가서 다시 살펴보라. 콧구멍이 벌름거리며 넓적다리 사타구니가 아직 따뜻할 것이다." 하였다. 살펴보니 과연 그러했다. 임금이 직접 나와서 편작에게 살려 달라 애원했다. 편작이 제자를 시켜 침을 몇 군데 놓았더니, 죽은 줄 알았던 태자가 깨어났다.
 춘추 전국 시대 공자가 제자를 몇 데리고 천하를 유람하며 왕도정치의 이상을 펴다가 전쟁이 난 나라에 들어가서 사흘 동안 제자와 함께 굶주린 적이 있었다. 그때 한 제자가 겨우 쌀 한 말을 얻어 왔는데, 그때 안회라는 상수제자에게 밥을 짓게 했다. 지금은 부엌이라 하지만 그때는 정지淨地라 했다. 나무나 짚을 떼서 밥을 짓는데, 밥이 구수하게 익어 갈 즘에 모두들 시장해서 코를 벌름거리고 있을 때 공자가 부엌 앞을 지나는데, 제자 안회가 주걱으로 밥을 퍼먹고 있었다. 아니 저놈이 제일 믿고 믿었는데 어찌 저럴 수가….

사흘 동안 굶었으니 배고프기는 마찬가지인데 공자님은 당장 "어찌, 이놈아 너만 배가 고프냐? 몰래 혼자 처먹고 있어." 하고 야단을 치고 싶었으나, 그래도 무슨 사연이 있겠지 하고 참고 있으려니 영 그냥 넘어갈 수 없어 한 가지 꾀를 내어 넌지시 물어보았다.

간밤 꿈에 조상님들이 나타났다. 그 밥을 짓는 즉시, 조상님께 제사를 올리고 먹도록 하자 하니, 제자 안회가 "이 밥을 가지고 제사를 지내는 것이 부적절합니다. 좀 전에 밥이 익어 가는가 하고 솥뚜껑을 열었을 때 부엌 천정에서 까만 거미줄 한 덩어리가 밥 위에 떨어져서, 그것을 걷어 내다가 주걱에 붙은 밥이 아까워서 제가 먼저 맛을 보았습니다. 스승님! 밥을 따로 다시 안치겠습니다." 하였다.

공자님이 "그만두어라. 제사는 안 지내도 될 것이니라." 하셨다. 공자님이 탄식하여 말씀하시기를 내 눈으로 보고, 내 귀로 듣는다 하여 다 믿을 것이 아니라, 사물의 이치를 깊이 통찰하지 않고는 알 수 없는 일이라 하셨다.

갭 이어 Gap year

해외 배낭여행, 외국 유학, Grand Tour 등으로 해석한다.

1. 인생관의 재정립

직장, 돈, 학업 등 현실적인 가치에 맹목적으로 얽매여 살아가기보다 잠시라도 여유 있는 시간을 만들어 자기 자신의 삶을 되돌아보며 존재의 의미나 인생관을 재정립하려는 욕구가 발현되고 있는 현상이다.

2. 갭 이어 문화

갭 이어 문화 현상에 대하여 심사숙고하고 현대인들이 '어떻게 살아야 인생을 잘 사는가?' 하는 스스로의 삶을 관조하는 기회를 갖고 싶어 하는 심리 상태를 반영하는 문화.

3. 갭 이어의 시원始源

400여 년 전, 영국의 귀족문화권에서 자녀들이 학업을 잠깐 쉬고 박물관, 건축물, 패션 등을 직접 체험하는 'Grand Tour'에서 시작된 것이란 주장이 있다.

하지만 우리나라 신라 시대 '화랑도'에서도 그 유래를 찾아볼 수 있다. 이러한 전통은 비단 영국뿐 아니라 미국, 유럽, 아시아 등 전 세계로 분포되어 있다고 볼 수 있다. 대표적인 예로는 중국의 현장 삼장 법사나 신라 시대 혜초 스님의『왕오천축국전』등이 대단한 그랜드 투어로서 갭 이어 문화에 속한다고 볼 수 있다.

컴퓨터와 휴대전화를 생산하는 세계적인 기업 '애플사'의 창업주 '스티브 잡스'는 갭 이어를 즐긴 대표적 인물이다. 'Think Different (다르게 생각하라)'라는 메시지를 전한 것도 갭 이어의 긍정적 영향에서 비롯됐으며, 그 결과 애플사는 세계적 첨단기업으로 성장하게 됐다.

4. 갭 이어의 의의意義와 목적

학업이나 직업을 잠시 중단하더라도 '어떻게 사는 것이 더 가치 있고 인간답게 사는 것인가?' 하고 살피는 발전적이고 도전적이며 생산적 기능이 강하게 내포되어 있다고 볼 수 있다. 현재의 삶에 구속되어 맹목적으로 따라가거나 별 생각 없이 그날이 그날처럼 변화 없이 이끌려 가기보다 매일매일 자신을 성찰해 보고 재충전하고 관조하여 보다 의미 있고 멋진 인생의 길을 모색하고 설계하는 데 그 목적이 있다.

우리 불자님들은 일상에서 벗어나 사찰에서 '템플스테이'를 통해서나 잠시 잠깐 기도와 명상을 통해서 자신의 인생관을 재정립하는 기회를 가져 보시기를 권합니다. 이것을 '단기출가', '단기 갭 이어'라 해도 좋을지 모르겠습니다.

2

멋진 인생, 누가 창조하는가

사랑은 그냥 베푸는 것

安身立命處 안신입명처 　　無臭亦無聲 무취역무성
那箇眞顔色 나개진안색 　　花含曉露明 화함효로명

안신입명처에 냄새도 없고 소리도 없네.
어떤 것이 참 면목인가! 꽃은 새벽이슬에 젖어 영롱하기만 하네.

우리나라 제주도가 예멘 난민 문제로 타인의 고통을 다룰 시험대 위에 오르게 됐다. 인간 세상에 살다 보면 누구나 자의나 타의에 의해 곤경에 빠질 때가 있다. 곤경에 처한 이들에게 마음이나 물질을 나누는 것을 보시라고 한다.

　내 능력으로 나눌 만한 물질적인 것이 부족하다면 따뜻한 말 한마디, 밝은 미소, 진심 어린 마음만으로도 보시가 된다. 보시바라밀 가운데 무외시無畏施가 바로 이러한 인간적인 위로의 행위다. 히타이트, 바빌로니아 등 고대 문명이 번성했던 3500년 전 기록에도 사례가 있듯이 박해를 피해 이주한 사람들을 보호하고 돌보는 관행은 문명의 오랜 특징 가운데 하나다.

예멘은 아라비아 반도 최남단에 위치해 있으며 1990년부터 통일과 전쟁을 반복하며 지금에 이르고 있다. 20여 년간 지속되는 내전과 불안한 정치 상황에 인구의 2/3가 굶주림과 질병에 시달리고 있다. 거기에다 미국, 영국, 러시아 등이 예멘에 무기 판매로 수익을 얻고 있는 것도 종전이 쉽지 않을 거라는 예상에 힘을 실어 준다. 예멘 난민을 받지 말라는 난민 거부 청원에 참여한 민원이 6월 27일 부로 48만 8천 명을 넘어섰다.

그들도 죽음의 장소인 모국을 등지고 살려고 한국을 찾아왔다. 어쩌다 우리 대한민국 백성들의 정서가 이리도 야박해졌는가! 청와대 청원에는 특정 종교인들이 대거 참여했다는 소식이 전해진다. 난민들이 이교도여서 받아들일 수 없다는 입장이다.

그들이 믿는 사랑의 종교와는 매우 상이한 행동이 아닐 수 없다. 사람이 잘 사는 사회나 국가를 만들기 위해 종교가 필요한 것이지, 종교가 다르고 피부색이 달라도 우린 이젠 글로벌 세대에 살고 있다. 관용과 자비 정신이 요구되는 시대이다.

了知一切法 요지일체법　自性無所有 자성무소유
如是解法性 여시해법성　卽見盧舍那 즉견노사나

일체법에 자성이 없는 줄 깨달으라.
이와 같이 법성을 알면 즉시 노사나 부처님을 친견하리라.

—〈수미정상게찬품〉,『화엄경』

若人欲了知 약인욕요지　　三世一切佛 삼세일체불
應觀法界性 응관법계성　　一切唯心造 일체유심조

만약 삼세의 모든 부처님을 알고자 한다면,
마땅히 법계의 성품을 관하라. 일체가 오직 마음이 만든 것이다.
—〈야마천궁게찬품〉,『화엄경』

　첫 번째 게송은 신라 때 자장 율사께서 중국 오대산에서 문수 보살님께 기도하여 받아 온 범게梵偈인 것으로 널리 알려져 있다. 자장 스님 당시에는 아직 80권 『화엄경』이 한문으로 번역되지 않았는데 일연 스님은 『삼국유사』에서 자장 스님이 받아 온 범게의 번역문으로서 이 〈수미정상게찬품〉을 소개하고 있으니, 참으로 놀라운 일이라 할 수 있다.
　두 번째 게송은 『화엄경』 제일게로 회자膾炙되고 있는 '유심게唯心偈'이다. '일체유심조'는 60권 『화엄경』에서는 '심조제여래心造諸如來'로 번역되어 있다. 마음이 모든 여래(부처님)를 만든다는 것이다. 따라서 법계성法界性, 즉 법성의 일체 존재는 바로 그 마음이 여래를 만드는 여래이고, 여래의 성품이 그대로 일어난 여래성기如來性起임을 알 수 있다.
　여래성기는 곧 여래출현如來出現이다. 여래의 성품이 그대로 일어난다는 것이 곧 부처님이 출현하시는 것이다. 여래의 마음을 '보왕여래성기품'에서는 여래의 성품, 또는 여래의 지혜로 보이면서, 여래성기, 즉 여래출현을 설하고 있다. 여래의 마음이 성기심性起心이니, 여래의 성품이 그대로 일어나 만덕을 구족한 마음인 여래성기구덕심如來性起具德心인 것이다.

이 성기심은 우리가 구경에 깨달아 사용할 수 있는 마음인데, 실은 우리 중생들에게도 본래로 갖춰져 있는 부처님의 지혜의 마음이기도 하다. 오늘 우리는 600명이나 되는 제주도 '난민수용소'에서 미래를 알 수 없어 불안에 떠는 예멘 난민들을 위하여 기도해야 한다.

그들의 슬픔과 아픔을 강 건너 불 보듯 하는 이는 불자도 아니요, 자비심도 없는 무지한 사람들이다. 고귀한 인품을 함양한 종교인이라면 내 종교 네 종교 따지지 말고, 종교 이전의 모습인 인간애로서 그 가슴속 깊은 우정과 사랑을 토로해야만 할 것이다.

『화엄경』에도 "불지소유만덕지중佛地所有萬德之中 여래유용대비위력如來唯用大悲爲力(부처님이 가진 많은 공덕 가운데 부처님께서는 중생을 사랑하는 대자비심을 최고의 힘으로 삼는다.)"이라 하지 않았던가!

참지혜가 있으면 모두가 행복하다

　불교에서 말하는 지혜란 무엇인가? 흔히 지식이 풍부한 사람을 지혜로운 사람이라고 생각할 수 있으나 불교에서 말하는 지혜와는 다르다.
　해박한 지식이나 다양한 삶의 경험이 풍부한 사람이라도 그를 반드시 지혜롭다고 표현할 수 없는 것이다. 어떤 경우 『팔만대장경』을 다 외우면서도 깨닫지 못한 이가 있다면, 기억력이나 노력이 남다르다고 할 수는 있지만, 지혜가 뛰어난 사람이라고 하진 않는다. 뿐만 아니라 논리에 뛰어난 사람이라도 지혜롭다 하지 않는다. 만약, 경전의 내용을 다 외우면서 그것을 논리적으로 설명하는 사람이 있다면, 영리한 사람인 건 분명하나, 반드시 지혜로운 사람이라 하긴 어렵다.
　어리석은 사람은 부처님 말씀도 시비분별의 대상으로 삼지만 지혜로운 이는 경전의 말씀도 방편으로 삼아 자신과 함께 남을 동시에 행복하게 한다. 지식은 밖으로부터 받아들여 인식세계에 채운 것이지만, 지혜는 텅 빈 마음에서 필요할 때마다 나타났다가 사라지는 것이다(진공묘유眞空妙有).

지식이란 엄격히 말해 과거에 속한다. 이미 과거에 많이 일어났던 일이었거나 또는 과거에 연구했던 결과들이다. 물론 지식도 중요하다. 그러나 그 지식을 운용할 수 있는 적절한 능력이 바로 지혜인 것이다. 아무리 정직하고 바른 이야기일지라도 상대방이나 나에게 도움이 되지 않는 것은 함부로 이야기하지 않는 것도 지혜에 속한다. 지혜란 낯선 상황에 대해 직관적으로 분석하고 통합하여 결론을 내릴 수 있는 능력이다.

그렇기에 중국 당나라 말기 운문문언雲門文偃 선사는 지혜로운 이의 삶을 "일일시호일日日是好日"이라 표현했다. '나날이 좋은 날이다.'라고 해석한다. 어찌 나날이 좋은 날일 수 있겠는가마는 열린 마음의 소유자, 즉 지혜인은 어떤 어려움도 긍정적으로 검토하고 해소한다는 말이다. 불교 수행의 근본 목적은 해탈에 있는데, 괴로움 즉 불행으로부터 자유로워지는 것을 해탈이라고 한다. 괴로움에 이르게 하는 수많은 번뇌가 있지만 가장 근본이 되는 번뇌는 지혜가 없는 어리석음이다. 어리석기에 과도한 탐욕을 일으키고, 그것이 뜻대로 되지 않기에 분노에 휩싸인다. 분노에 휩싸이게 되면 이미 자신을 제어할 수 없는 상태에 빠져버린다. 어떤 이들은 그럴 경우 그 분노를 바라보라고 한다.

하지만 이미 자신이 어떤 상황을 감당할 수 없어서 분노에 휩싸인 것이기에, 분노를 바라봐서는 결코 그 분노에서 벗어나기 어렵다. 지혜로운 이는 왜 화를 내게 되었는지를 살펴보라고 조언한다. 원인을 찾다 보면 결국 자신과 마주하게 되고, 스스로 자신의 감정에 끌려가면서 분노에 휩싸이게 되었음을 알게 된다. 그럴 경우 이미 일어난 일을 없었던 것으로 할 수는 없겠지만 화를 낸 감정을 일어나기 전의 상태로 되돌릴 수는 있다. 이것이 지혜로운 이가 알려 주는 해법이다. 하지만 이것을 이해했다고 해서 지혜로워지는 것은 아니다. 지혜로운 이는 애초에 분노를 일으키지 않는다. 『화엄경』에도 "화를 한 번 내면 백만 가지의 장애가 생긴다." 하였다.

복은 좋은 언행을 한 결과로 만들어진 것이다. 비유컨대, 많은 노력으로 크고 작은 그릇에 물을 받아 놓은 것과 같다. 비록 그 물이 많다고 해도 쓰다 보면 없어진다. 만약 복을 깨달음으로 나아가는 수단으로 쓰게 된다면 공덕이 되겠지만, 쓰는 재미에 빠지면 윤회의 고통을 면할 수가 없다. 지혜란 마치 큰 바다나 땅에서 끊임없이 솟아나는 샘물과 같은데, 『금강경』의 가르침은 자성自性이라는 땅에서 지혜의 샘을 찾도록 도와준다. 쓸수록 줄어드는 그릇의 물과 같은 것이 복이라면, 끝없이 솟는 샘물과 같은 것이 '반야'의 지혜이다. 유위복有爲福으로 해결할 수 없는 것도 무위법無爲法으로 능히 해결할 수 있다. 그래서 복과 무위법의 지혜는 비교할 수 없다(무위복승無爲福勝).

> 춤추어라, 아무도 바라보고 있지 않은 것처럼.
> 사랑하라, 한 번도 상처받지 않은 것처럼.
> 노래하라, 아무도 듣고 있지 않은 것처럼.
> 일하라, 돈이 필요하지 않은 것처럼.
> 살라, 오늘이 마지막 날인 것처럼.
> ─알프레드 디 수자, 〈사랑하라, 한 번도 상처받지 않은 것처럼〉

기회비용機會費用이란

獨立雲林舊影堂　　독립운림구영당※
月明秋夜起淸凉　　월명추야기청량
不知何處眞僧去　　부지하처진승거
霜菊離離撲鼻香　　상국이이박비향

구름숲 옛 영당에 홀로 섰으니
달빛 밝은 가을 밤에 청량한 소리
진승의 가신 곳을 알지 못하는데
서리 친 국화 향만 코를 찌르네

—허백대사虛白大師

러시아의 문호文豪 톨스토이는 "올바른 선택을 할 수 없다면 인간

※ 영당: 내원청허당. 금강산에 있다.

다운 삶도 있을 수 없다." 했다.

선택(choice)에 따른 비용費用(정성, 노력, 시간, 돈 등)을 기회비용(opportunity cost)이라 한다. 즉 어떤 것을 선택함으로써, 다른 여러 가지를 포기한 기회들 중에서 가장 큰 가치를 가졌다고 생각하는 곳에 많은 것을 희생하고 투자되는 모든 것이 기회비용이라 한다.

가까운 예로 '인어공주人魚公主' 이야기가 있다. 어느 날 인어공주가 물가로 나왔는데, 백마 타고 가는 왕자를 보았는데, 너무 잘생기고 마음에 들어 잠을 이룰 수가 없어, 자신의 소원을 이루기 위해 한 마법사를 찾아갔다. "나는 얼굴만 아가씨이지 몸은 물고기라 사람과 같이 두 다리를 만들어 주면 좋겠다."라고 고백했다. 인어공주는 목소리가 쟁반에 옥구슬 구르듯 아름다웠는데, 마법사가 그 목소리를 자신에게 주면 두 다리를 만들어 주겠다고 약속했다. 인어공주는 여러 날 고심 끝에, 그러마고 대답했다. 마법사는 인어공주의 아름다운 목소리를 가져가고, 자신의 거칠고 더러운 목소리를 인어공주에게 두 다리와 함께 주었다. 그리고 꿈을 이루기 위해 인어공주는 백마 탄 왕자님이 잘 다니는 길목에 서서, 어느 날 사랑을 고백하게 됐는데, 단 한 번에 왕자는 "두 번 다시 나타나지 말라."라며 꾸짖고 사라져 버렸다.

여기서 인어공주는 인어공주로 살 때만이 최상의 부러움과 행복이 있었지만, 사람 되고 나서 여성답지 않은 거친 목소리로 구애求愛를 했다가, 단번에 거절당했다. 기회비용을 잘못 지출한 것이다.

세상에서 변하지 않은 한 가지 진실이 있는데, 그것은 '모든 것은 변한다(제행무상諸行無常)' 라는 사실이다. 진화론을 쓴 찰스 다윈은 "강한 자나 똑똑한 자가 살아남는 게 아니라, 변화에 잘 대처하는 자가 살아남는다." 했다. 아기로 태어나 노인으로 숨질 때까지 인간은 매일매일 변한다. 스스로 깨닫는 사람은 현명하다 하고, 오늘이나 내일이 그저 그렇고 그렇다고 생각하는 사람을 어리석다 한다. 어떻게든 살아남는 것도 중요하지만, 보다 인간다운 삶이 무엇인지 꾸준히 성찰해 보아야 하리라.

- 나는 누구이며
- 어떻게 인간답게 살 것인지
- 어떻게 정의롭게 갈 것인지
- 누구를 위해 살 것인지 등등.

우리들 자신이 매일매일 무엇이 성장하고 쇠퇴하는지, 차츰차츰 가까워지는 것도 있고 멀어지는 것도 관찰할 수 있다면 매우 현명한 사람이라 할 수 있다.

젊은 날 죽도록 사랑한 연인이 나를 버리고 다른 사람을 선택하고 떠나간 뒤에 죽을 것만 같은 나날들이지만, 세월이 흐르고 흐르면 잊고, 또한 새로운 연인을 맞이하게 되고, 사랑하는 가족이 불의의 죽음으로 헤어져 너무나도 슬퍼서 살 수 없을 것만 같지만, 또한 세월이 흐르면 현실에 부대끼며 살아지는 게 인생이다.

그래서 부처님 말씀엔 삼법인三法印이 있다.

1. 제행무상諸行無常: 모든 것은 무상하여 항상 하는 것은 아무것도 없다는 뜻이다. 정신적인 소요는 생주이멸生住異滅하며 물질적 요소는 성주괴공成住壞空하고 육체는 생로병사生老病死하여 어느 것도 완전히 보존될 수 없어 인연 따라 잠깐 머물러 존재하는 것처럼 보이는 신기루와 같은 것이 현상계 일이라는 것을 깨닫는다.

2. 제법무아諸法無我: 일체법에 있어 '나'라고 혹은 내 것이라고 집착할 것이 아무것도 없다는 사실을 깨닫는다. 현실에 있어 집착할 것이 있어 애지중지하다가, 어느 날 그것이 박탈당할 때 큰 고통이 찾아오게 되는데, 그런 날이 찾아와도 '그렇구나' 하고 깨닫는다면 고통은 곧 사라진다.

3. 일체개고一切皆苦: 삶에 있어서 현실을 무시할 수도 없지만, 현실과 현상에 집착할수록 고통의 무게는 점점 더 커진다는 사실을 깨닫는다.

4. 열반적정涅槃寂靜: 위 3가지 법을 깨달은 사람은 자신을 괴롭힐 더 이상의 고통이 없다. 그러므로 모든 부처님께서는 적멸궁에 장엄해 계신다.

일수사견―水四見

　물을 인간들은 물로 본다. 천인들은 유리로 생각하고, 물고기나 수중생물水中生物은 집으로 활동공간으로 본다. 그러나 아귀는 물을 마시는 순간 불로 변하기 때문에 물을 불이라 생각한다. 이와 같이 물은 물이 아니기 때문에, 인간의 기준으로 볼 때 물이요, 그 이름이 물인 것이다. 물의 성품은 비어 있다. 곧 성공性空인 것이다.
　보름달은 보름달이 아니기 때문에 그 이름이 보름달이다. 왜냐하면 사랑하는 연인들이 보았을 때는 사랑이 넘치는 달이요, 도둑놈이 보았을 때는 두려운 달이요, 근심 걱정이 많은 사람이 보았을 때는 슬프고 고통스런 달이요, 건강과 희망이 넘치는 사람이 보았을 때는 희망과 행복의 보름달이다. 달님은 본래 무심無心하건만 보는 사람의 감정에 따라 달리 보인다. 그러므로 보름달은 성공性空이다.
　일찍이 서양 철학자 데카르트는 주관적 인식분별에 의한 판단은 사실이 아니라고 했다. 부처님께서는 3천 년 전에 이미 "삼계는 허공꽃과 같다." 하셨다. 이어 말씀하셨다.

  三界若空華 삼계약공화
  塵消覺圓淨 진소각원정
  淨極光通達 정극광통달
  寂照含虛空 적조함허공
  却來觀世間 각래관세간
  猶如夢中事 유여몽중사

삼계는 허공꽃 같으니
번뇌가 다하면 원만하고 깨끗이 깨닫는다.
지극히 깨끗하면 빛으로 통달하고
고요히 비치며 허공 끝도 알 수 있다.
지나온 세상사를 살펴보니
마치 꿈속의 일과 같구나.

좋은 인연 나쁜 인연

부처님께서 어느 날 아난존자와 길을 가고 있었다. 길거리를 가다가 새끼줄을 발견하고 주워 오라고 했다. 아난이 주워 왔다. 무슨 용도로 사용한 것 같으냐고 물었다. "비린내가 나는 것을 보니 필시 생선을 엮었던 것 같습니다." 또 가다가 바람에 뒹구는 종이를 주워 오게 했다. 이번에도 무슨 용도로 사용한 것 같으냐고 물으니, "향내가 나는 것을 보니, 향을 싸던 종이인가 합니다." 부처님께서 말씀하시길, "사람은 좋은 길로 가는 스승과 친구를 사귀어야 한다." 하셨다. 그러면 "좋은 도반을 사귀면 도道를 절반은 이룬 것과 같겠습니다." 하니 부처님께서 말씀하시길, "좋은 도반을 얻어 서로서로 의지하고 탁마琢磨한다면 도를 전부 완성한 거나 같다." 하셨다. 우리 자신이 한 생각을 내어 인연을 잘 판단하는 것은 일생一生을 좌우한다.

맹모삼천지교孟母三遷之敎란 맹자* 4세 때 아버지를 여의고 홀어미 밑에서 자랐다. 처음 이사 간 곳이 공동묘지 근처였는데, 맹자는 매일매일 장례식을 흉내 내어, 보다 못한 어머니가 시장 근방으로 이사했다. 거기서는 매일 또한 상인들이 장사하고 물건 사고파는 흉내를 내어, 마침내 서당 근방으로 이사를 하였더니, 맹자가 책을 읽는 흉내를 내어, 어머니가 비로소 안심하고 정착하여, 후세에 그 유명한 4서書의 하나인 『맹자』를 남기게 되었다.

"인생은 너와 나의 만남이다."

―H. 카롯샤※

당신은 지금, 어떤 것을 배우고, 어떤 사람을 만나고 있습니까? 정채봉 선생의 〈만남〉이란 시詩를 음미해 볼까요?

가장 잘못된 만남은 생선과 같은 만남이다.
만날수록 비린내가 나니까. (정의롭지 않은 나쁜 친구)
가장 조심해야 할 만남은 꽃송이 같은 만남이다.
피어 있을 때는 환호하다가 시들면 버리니까
가장 비천한 만남은 건전지 같은 만남이다.
힘이 있을 때는 소중히 여기다가 힘이 다 닳았을 때는 던져 버리니까.
가장 시간이 아까운 만남은 지우개 같은 만남이다.
금방의 만남이 순식간에 지워져 버리니까.
가장 아름다운 만남은 손수건 같은 만남이다.
힘들 때는 땀이라도 닦아 주고 슬플 때는 눈물을 닦아 주니까.

※ 맹자: 기원전 372~289년. 제자백가의 한 사람. 성선설 주장. 중국 산동성 추현에서 태어났다.
※ H. 카롯샤: 1878~1956년. 독일의 시인이자 소설가. 폐결핵 전문의사

오는 인연을 막지도 말고 가는 인연 붙잡지 마라.
좋은 인연을 더욱 좋게, 나쁜 인연도 원만하게 쓰담자.

시공時空에 걸리지 마라

井蛙不可以語海 拘於虛也　　정와불가이어해 구어허야
夏蟲不可以語氷 篤於時也　　하충불가이어빙 독어시야
曲士不可以語道 束於敎也　　곡사불가이어도 속어교야

　우물 속 개구리에게는 바다에 대해서 말할 수 없다. 그 개구리는 자신이 살고 있는 우물이라는 공간에 갇혀 있기 때문에.
　한여름만 살아 가는 여름 곤충에게는 찬 얼음에 대해서 설명할 수가 없다. 여름이라는 시간에 사는 곤충이기에.
　편협한 소견의 지식인에게는 진정한 도道의 세계를 말할 수 없다. 그 사람은 알고 있는 지식에 속박되어 있기 때문에.

—장자

　공간과 시간과 앎(지식)을 파괴하라. 그래야 진정한 안목으로 세계를 볼 수 있고 진정한 자유인이 될 수 있다.

  生年不滿百 생년불만백 常懷千歲憂 상회천세우
  晝短苦夜長 주단고야장 何不秉燭學 하불병촉학
  爲學當及時 위학당급시 愚者得書賢 우자득서현

 백 년도 못 사는 인생이여! 항상 천 년 살 걱정을 하는구나.
 낮은 짧고 고단하며 밤은 비교적 길다. 어찌 등불을 밝혀 배우지 아니하랴.
 학문하는 것이 당연히 시급하다. 어리석은 자도 독서를 통해 현명해질 수 있으니.

보다 근본적인 것

의술이 발달하고 병원이 많을수록
인간은 점점 더 불행하고
법률이 개편되고 법률이 점점 발달할수록
백성들은 더욱 고통스러워한다.
인간 심성을 정화하는 근본 노력이 없이는
병원이 많아도 병을 고칠 수 없으며
법률이 치밀하더라도
법률을 이용하는 범죄는 더욱 발달한다.

막걸리를 마시면서 와인 향을 그리워하지 말라.
수선화의 향기를 맡으면서 장미향을 그리워 말라.
모자라건, 부족하더라도
오직, 그곳에 집중할 때

스스로 행복함을 알리라.

우리의 스승, 붓다께서는
집착과 갈애가 모든 중생의 고통의 근본이라 하셨다.
변화를 수용하지 못하고 스스로 삶에
집착할 때 더욱 큰 고통이 다가온다.

연기생緣起生 연기멸緣起滅

身前身後獨靈靈　　신전신후독영영
一切如來出此經　　일체여래출차경
歇盡狂心便相見　　헐진광심*편상견
水秋天淨月亭亭　　수추천정월정정*

태어나기 전이나 죽은 후에도 홀로 신령스럽다.
모든 부처님이 여기에서 출현하셨네.
미친 마음 다 쉬면 문득 깨달을 수 있나니
가을물 맑은 하늘, 달빛이 아름답구려.

— 굉지선사宏智禪師

※ 광심狂心: 미친 마음, 탐진치 삼독심으로 오염된 마음.
※ 정정亭亭: 우뚝 솟은 모양, 아름다운 모양.

인연에 의해 태어나고 인연에 의해 소멸한다. 이것이 있으므로 저것이 생겨나고, 이것이 소멸하므로 저것도 사라진다.

시간과 공간을 이분법적으로 관찰할 땐 둘이나 실은 둘이 아닌 하나이다. 태초에 나타난 것이 '공간'이며 나타난 공간을 인식하는 순간부터 '시간'이 되는 것이다. 시공간이 하나라는 것을 증명한 아인슈타인의 상대성 이론은 아인슈타인이 16살 때 "빛과 같은 속도로 달리면서 물체를 관찰한다면 어떻게 보일까?"라는 의문에서 시작된다. 정혜쌍수定慧雙修를 주창한 육조혜능 대사께서 촛불과 불빛은 동시에 나타나는 것이지, 촛불이 먼저이고 불빛이 뒤가 아니다 했다. 그러므로 깊은 선정을 닦거나, 오랜 명상 끝에는 지혜가 동시에 일어나는 것이다.

오늘날 과학과 문명이 급진적으로 발달함에 따라, 사람들이 문명의 이기利器를 부리고 사용하는 차원을 넘어 오히려 문명의 이기에 휘둘린다고 표현하는 것이 옳다. 인간 중심의 사고방식에서 개발이라는 미명하에 자연환경을 훼손하고 동식물을 대량으로 살육하고 파괴함으로써 그 피해가 모든 생물에 이르러 멸종에 이를 수 있다는 사실을 우리는 뒤늦게 깨달아 가고 있다.

따라서 '모든 생명체는 다 소중하다' 라는 불교적 입장에서의 생명 존중 사상은 전 인류의 삶을 보다 풍성하고 행복하게 하며 자연과 더불어 할 때, 그 생명과 행복은 오래 지속될 수 있다는 생각을 해 본다.

간혹 전생을 기억하는 사람이 있다. 스티븐슨 박사는 1975년까지 전 세계를 돌아다니면서 전생을 기억하는 1,300명의 사례를 모아 책을 출간했다. 보통 사람은 전생이 있었는지 없었는지도 모르고 또 전생을 기억하지도 못한다. 그러나 불교에서는 사다함 이상 아나함 아라한의 수행 경지에서는 전생을, 몇몇 전생 혹은 수천수만 전생을 기억할 수 있다 한다.

　이 책에서 대표적인 예로 이스마일이라는 아이가 있다. 그는 태어난 마을에서 3~4살이 될 때까지 마을을 떠나 본 적이 없는데 자꾸만 자기 집으로 데려다 달라고 했다. 지금 살고 있는 곳이 자신의 집이 아니라면서 자신의 집에 데려다 줄 것을 호소했다. 그러니까 이 아이는 태어나서 줄곧 집을 떠나 본 적이 없는데도 자기가 살았던 마을 이름까지 대면서 졸랐다. 아이의 말대로 약 50리 떨어져 있는 곳에 실제적인 지명의 마을이 존재했다. 그래서 부모는 아이를 데리고 그 마을로 찾아갔다. 마을에 있는 어떤 큰 집에 들어가서 자기가 살았던 집이라고 하였다.

　기록에 보면 이스마일은 전생의 빚을 이생에서 받았다고 한다. 전생에 빌려준 돈을 받은 것이다. 그러니까 이 몸을 바꾸기 전에 그 마을에 사는 A씨에게 돈을 빌려주었는데, 그 A씨는 이스마일이 죽어버리자 돈을 갚지 않았던 것이다. 그런데 이 아이가 찾아와서 과거 자기한테서 돈을 빌려 가지 않았느냐 하면서 죽은 그 사람의 이름을 대면서 돈을 갚지 않느냐고 따지고 재촉한다. 그래서 A씨는 전생에 빌린 돈을 고스란히 다 갚게 되었다는 이야기다.

　광주 비엔날레에서 북한의 천재화가인 4살 된 오은별의 그림을 전시한 적이 있었다. 세계그림대회에서 금상을 수상하기도 하였다. 도대체 전생이 없다면 그림에 대해서 공부하고 배운 적이 없는 어린아이가 상상도 할 수 없는 천재적 그림을 어떻게 그릴 수 있었겠는가? 분명히 전생前生이 있지만, 보통 사람들은 업식에 매몰되어 기억하지 못한다 한다.

　우리는 매일매일 촉觸에서 일어나는 것을 느끼고 상상하고 판단해서 기억 속에 저장한다(수상행식受想行識). 촉에는 6가지가 있다. 눈,

귀, 코, 혀, 몸, 의식이다. 6촉의 가장 극심한 상황은 죽음이다. 삶과 죽음의 경계가 6촉의 극한상황이다. 촉에 의하여 일어나는 현실은 바로 어제 일어난 것과 10년 전, 20년 전의 사실도 기억하지만, 극한 상황인 죽음, 다시 태어나기 전의 상황은 대부분의 사람들은 기억하지 못한다. 촉의 극한상황에서 나의 모든 의식이 집중되지 못하고 흩어지거나 깨어져 버리기 때문이다. 선정禪定과 명상을 자주 익히거나, 식識이 맑은 사람은 그 전생을 기억하는 사람도 있다.

과학이 말하는 영양소와 비타민

妄想卽覺悟之本　　망상즉각오지본
眞亦在妄想中　　　진역재망상중
心安卽天下泰平　　심안즉천하태평
心不安卽苦海　　　심불안즉고해

망상 가운데 깨달음의 근원이 있고
진리는 역시 망상 가운데 있다.
마음이 안정되면 천하가 태평하고
마음이 불안하면 고통이 한량없다.

신라 시대 의상 조사와 중국의 천태지자 대사는 천공天供을 받았다 한다. 지자 대사는 무려 십 년 동안, 의상 대사께서는 몇 년 동안 천공을 받으시다가 그렇게 하며 중생들을 제도할 수 없다는 원효 대사의 권고에 의해 천공을 그만두었다고 전해진다. 천공이란 천신天神이 주는 음식이란 뜻이다. 그러니까 일반음식은 물 이외에는 일체 먹지 않고 선정 속에서 우주적 기운을 받은 셈이다. 이외에도 많은 선사들이 천공을 누렸다는 이야기가 있다.

19세기 초, 음식에서 3가지 주요 구성원소인 단백질, 지방, 탄수화물을 발견했다. 이 발견을 토대로 독일의 화학자이자 의사인 '리비히' 는 음식이 어떻게 살과 에너지로 바뀌는지를 밝히고 영양소가 인체에 어떻게 작용하는지 하는 신비가 해결되었다고 선언했다. 리비히는 토양의 다량 영양소인 질소, 인, 칼륨을 발견했던 화학자이자 의사이다. 그는 식물의 성장에 이 3가지 화학물이 전부이고, 식물이 그렇다면 동물도 사람도 그럴 것이라 주장했다. 현대 영양학의 아버지인 그는 최초로 인공 이유식離乳食도 만들어 냈다.

그러나 그 이유식을 먹인 아기들의 다수가 성장 발육이 부진하자, 의사들은 리비히가 음식에서 무슨 성분을 빠뜨렸을지도 모른다고 생각했다. 1930년에서야 14종 비타민과 약 20종의 무기질이 인체에 필요함을 발견했다. 1980년대 비로소 파이토케미컬이라는 제3의 미량 영양소를 발견하기에 이르렀다.

영양소란 음식과 사람에 관계하며 복잡하게 전개된다. 똑같은 음식이라도 어떤 사람은 소화가 잘 되고 활력이 넘치지만, 또 어떤 사람은 소화가 잘 되지 않고, 몸의 건강 활력소에 전혀 도움이 되지 않는 사람도 있다. 사람마다 영양소를 받아들이는 정도가 비슷한 것도 있지만 아주 다른 사람도 있다는 것을 알 수 있다. 요즘 말로 체질이란 것도 고려해 볼 만하다.

그러나 과학은 분리 가능한 변수를 연구하고 통계를 낸다. 분리하지 못하면 그 변수의 존재나 부재가 무슨 의미가 있는지 없는지 알 수가 없다. 대상을 각 구성요소로 쪼개어 그것을 하나씩 조사하고 미묘하고 복잡한 상호작용이나 전체적 관계를 무시해야 한다. 이런 분석적 과학을 부정할 수도 없지만, 완전히 믿었다간 우리를 잘못된 방향으로 이끌 수 있는 환원주의 과학의 모습이다. 동일한 영양소에 대한 연구 결과가 종종 상이한 결과가 나오는 것도 이런 이유 때문이다.

사람은 하루에 철분 몇 그램, 비타민 무엇무엇을 반드시 섭취해야 하는 단순한 물질적 존재가 아니라 생명의 경이로움과 정의로움과 배려심과 사랑과 자비, 열정이 필요한 신령스런 존재다. 건강한 사람이라면, 음식이 입안에 들자마자 침이 나오고 여러 가지 효소가 나와 경이로움을 발휘하여 소화를 시킨다. 먹은 음식물의 화학물질들은 몸속의 화학물질들과 더불어 매우 친밀한 방식으로 상호작용한다. (단, 독성물질은 친밀하지 않고 극적으로 반응하여, 구토나 대소변으로 배출된다.) 이 과정은 무한히 복잡한 과정이고 각각의 음식물의 화학물질이 체내의 화학물질과 어떻게 상호작용하는지 설명하는 것은 불가능하다.

효소로 분석된 화학물질들은 몸의 모든 부분에서 60조가 넘는 세포에 이르기까지 세심하게 조절되어 어떤 영양소는 어디로 가고 각각의 영양소가 얼마나 필요한지, 어떤 반응이 언제 일어날지를 결정한다. 이 일련의 과정을 컨트롤하고 주재하는 것은 각자의 신비로운 영성靈性이 결정한다고 보아야 하리라.

사실, 우주와 인간의 몸은 동일한 질료로 구성되어 있다. 지나친 개발과 문명의 이기로 자연환경이 아주 많이 훼손되어 있다. 토양오염, 대기오염, 해양 수산물의 오염으로 현대는 온통 독성毒性의 시대라 한다. 인간이 추구하는 지나친 물욕은 스스로 파멸에 이르게 한다.

최상의 섭생은 덜 오염된 자연친화적 농수산물을 생산하는 것이고, 육식 문화를 줄이는 것이다. 남한 일대의 일 년 평균 살육되는 가축이 7억 마리가 넘는다니, 가히 상상을 넘는 살육이다. 육식 문화를 부추기는 정책을 줄이면 AI고병원성 조류독감, 구제역과 광우병과 같은 희귀병에 시달리는 축산농가도 한숨을 돌릴 수 있으리라.

자기 스스로 내면의 자비와 사랑, 열정이 있다면 정신건강과 함께 육체건강도 챙길 수 있으리라. 〈칠불통게七佛通偈〉를 보면 "제악막작諸惡莫作 중선봉행衆善奉行 자정기의自淨其意 시제불교是諸佛敎." 모든 악을 짓지 말고, 모든 착한 일을 행하여라. (이기심을 내려놓고) 스스로 그 뜻을 깨끗이 하면 이것이 모든 부처님의 가르침이다.

일일부작一日不作 일일불식一日不食

　백장청규라 하여 스님들이 산속에서 신도님들의 공양에 의지하지 않고 '주경야선晝耕夜禪'으로 자급자족한 시절이 있었다.
　그때 많은 사찰들이 신도님들의 공양물에 의지하고 있었지만, 백장 스님은 특히, 폐불 시대에도 온전히 건재할 수 있었다. 대중의 하루 일과는 새벽 도량송과 예불에서 시작되어, 새벽 정진 한 시간 정도 하고 아침 공양 후, 모두 밭으로 나가 경작하며 일을 했는데, 방장이신 백장 선사도 예외가 아니었다.
　90세가 넘은 노인이 밭에서 호미, 괭이, 삽으로 일하시는 모습이 대중들의 눈에는 그렇게 좋게 보이질 않았다.
　그래서 하루는 창고 열쇠를 가진 원주 스님이 대중들의 농기구가 다 나가고 난 다음, 창고 문을 잠가 버렸다. 뒤늦게 나오신 백장 선사께서 농기구를 찾으니 창고 문이 잠겨 버려 할 수 없이, 대중에 합류하지 못하고, 도로 선실로 들어가셨다. 점심때가 되어 시자 스님이 점심상을 차려 왔으나, 오늘은 점심 먹을 생각이 없다 하고 물리치셨다. 시자 스님이 "어디 편찮으십니까?" 하고 물으니, "일일부작一日不作 일일불식一日不食이니라." 하셨다. 하루 일하지 않으면 하루 먹지 않겠다 하셨다. 원주 스님이 찾아오셔서, "큰스님께서는 이 산문의 제일 큰 어른이시고 연세도 연로하신 까닭에 대중 스님들이 배려해서 한 일이니, 방장 스님께서는 공양을 받아 주시기 바랍니다." 하니, "오늘은 아무튼 먹지 않겠다. 내일 아침 먹고 밭에서 보자." 하였다. 다음 날 90이 넘은 백장 노선사께서 대중과 합류하여 밭의 김을 매시면서 하시는 말씀, "이 좋은 바람과 하늘과 산새 소리를 들으며 김을 매는 것이 얼마나 행복한지, 그리고 젊은 그대들과 어울려 그대들의 이야기를 듣고 내 이야기도 하면서 자연을 대하는 이 즐거움, 노동 이후에 휴식과 더불어 공양이 얼마나 맛이 있는지, 그대들은 아는가? 땀을 흘려 보지 않고 땀을 닦으며 휴식하는 즐거움을 알 수 없지 않은가! 이 늙은이가 일을 하면 얼마나 하겠는가." 하셨다. 하지만 천천히 그리고 일을 즐기면서 할 수 있다면 생을 마감하는 그날까지 일을 즐기고 싶다 하셨다. 이 고사에서 '백장청규'란 늙어 죽을 때까지 일하라는 뜻이 아닌, 삶의 존재 의미는 생동하는 가운데 있다는 것이다. 병이 나면 젊은 사람이나 늙은 사람이나 공히 일을 할 수 없다. 그러나 어떤 이들은 몸이 불편한데도 최선을 다해 할 수 있는 일들이 많이 있음을 보여 주었다.

요즘 들어 편안함을 추구하는 소위 '돼지철학'이 있는데 한번 들어 보겠는가?

돼지는 노동을 안 해도 실컷 먹는다. 청소는 주인이 해 준다. 학교에 가서 배우지 않아도 되고, 직장에 취업하지 않아도 된다. 여러 가지 신경 쓸 것이 없으니, 돼지는 참으로 행복한 동물이라 할 수 있을까? 사람도 나태해지면 돼지철학을 동경하게 될 때가 있다. 존재의 의미는 신선한 충격과 함께 생동하는 그 가운데 있다. 그 어떤 것에도 집착하거나 머무를 수 없는 가운데 있다. 고인 물은 이끼가 끼고 흐르는 물은 자체 정화가 되어 맑듯이, '성공性空'이란 마음자리가 본래 공하여 한 가지 일도 말할 수 없지만, 꺼내 놓으면 천백억 화신으로 나타난다.

우리가 어떤 마음을 쓸지는 우리의 주인공이 정할 일이지만, 『유마경』에서는 '직심直心', 곧 정직한 마음이 '도량'이다 하셨다. 정직하지 않은 마음바탕에 어떠한 일을 계획하거나 집행해도 행복한 결과는 기대할 수 없다.

정직한 마음, 거짓 없는 그 마음이란 마치 흰 도화지나 마찬가지이다. 정직한 마음, 직심直心에 심심深心과 대비심大悲心을 합하여 삼심을 개발하여 불지佛地에 오른다 한다(대승기신론).

이 삼심에 하나 더 추가해서 말하고자 한다. 행동심, 지금 행동하라. 저 일은 내 일이 아니니까 하는 것은 수수방관죄袖手傍觀罪에 해당한다. 수수방관죄라 하니, 옛이야기가 떠오른다.

이씨 조선 개국 초기에 무학 대사께서 어느 시골 마을길을 걸어가는데, 그 마을에서 길흉사에 쓰려고 마침 돼지를 잡고 있었다. 돼지 네 발을 묶고, 이마에 망치질을 하는데 쉽게 죽지 않고 동네가 쩌렁쩌렁 울리게 고함을 질러대는데, 무학 대사께서 그 소리가 듣기 싫어서 오던 길을 되돌아가 버렸다. 그날 저녁에 어떤 절에서 저녁에 잠을 청하는데 낮의 그 돼지 혼신이 나타나서 이 무식하고 미련한 스님아! 어찌 너 혼자 행복하려고 죽음에 처해 있는 나를 두고 길을 돌아갔느냐고 눈을 부라리며 호통을 치는 것이었다. 무학 대사가 "그 무지한 중생들이 너를 잡아먹겠다고 결정해서 진행하는 일을 난들 너의 생사에 무슨 도움을 줄 수 있겠느냐?"라고 대답했다. "그래도 그렇지, 그 노는 입에 드는 솜씨에 잠깐 시간을 달라 하여 『대승경전』 한 편이라도 독경하여 주면 내가 이고득락하며 인도환생하여 부처님 법을 만나 다음 생에는 큰 행복을 기대할 수 있었을 텐데, 참으로 아쉽구나." 하며 돼지 혼신이 한탄하였다는 고사가 있다. 이와 같이, 현실에서 일어나는 일이 내 일이 아니면서도, 내가 도와줄 수 있는 상황을 외면해 버리면, 수행자도 아니요, 보살도 아니다.

모든 부처님이 오랜 세월 동안 중생들을 위하여 인욕바라밀을 수행하셨고 중생들의 이고득락을 위한 서원을 발하셨던 것이다. 내게 이익이 되나 손해가 되나, 칭찬받을 것인가 비난받을 것인가를 먼저 생각하기보다, 중생들을 위한 끝없는 연민의 정과 대자비심을 함양하는 것이 바로 대승보살님의 불자들이다. 이것을 등지면 '수수방관죄'요, 등지지 않으면 대비심이라 할 수 있다.

『화엄경』에도 "불지소유만덕지중佛地所有萬德之中 여래유용대비위력如來唯用大悲爲力"이라 하셨다. 부처님께서 가지신 천만 가지 공덕 가운데도 부처님께서 오직 중생을 향하여 끝없이 사랑하는 대비심을 최고의 공덕력으로 삼고 있다는 이야기이다.

우리 모두 붓다로 삽시다.

봉사, 사랑과 행복을 가져오는 것

 봉사奉仕란 자신의 일보다 먼저 이웃과 사회를 위하여 몸과 마음(정신과 물질)을 다하여 헌신하는 것을 의미하며, 형식적이거나 남에게 보이기 위한 것, 조건에 얽매인 것은 진정한 의미의 봉사라 할 수 없는 것이라 생각된다.

 흔히, 봉사는 남과 이웃을 위하는 일이라 생각할 수 있지만, 가만히 생각해 보면 봉사의 진정한 의미는 자신에게 돌아가고 있음을 알게 된다. 불교에서는 그것을 동체대비 사상이라 하며 그러한 봉사정신을 보살행이라 한다. 이 세상에 보살행을 하는 사람이 많으면 많을수록 불행은 사라지고 행복한 이상적인 극락세계가 현실에서 구현된다고 본다. 즉 보살행이 궁극적으로 이루어지는 것이 부처다.

 어느 철학교수는 "남을 움직이려면 내가 먼저 움직여야 하며, 남을 먼저 감동시키려거든 내가 먼저 감동해야 한다."라고 했다.

 인간이 네 발로 다니지 않고 두 발로 직립할 수 있게 만든 것은 두

손을 사용하여 한 손은 자신을 위한 일을 하고 다른 한 손으로는 남을 도우라는 뜻으로 보면 봉사의 진정한 의미를 알 수 있다. 내가 남을 도우고 있지만 나 자신도 끊임없이 남의 도움을 필요로 하고 또한 받고 있음을 알 수 있다. 동물과 달리 사람의 눈이 높게 자리한 것은 자신의 일에서만 국집하지 말고 저 멀리 나와 연관 없을 듯한 그러나 실제로 나와 무관하지 않은 미래의 일로 유비무환으로 준비하라는 뜻이 아니겠는가.

얼굴 내지 않는 봉사, 조건 없는 봉사를 지금도 음지에서 묵묵히 실천하고 계시는 그 모든 분들이야말로 이 시대의 진정한 일꾼이며, 보살이며, 장차 부처가 되어 극락세계를 장엄하여 모든 중생을 구제할 분들이다.

千尺絲綸 直下垂　천척사륜 직하수
一波纔動 萬波隨　일파재동 만파수
夜靜水寒 魚不食　야정수한 어불식
滿船空載 月明歸　만선공재 월명귀

천 길이나 되는 실타래를 곧바로 내리니
한 파도가 겨우 일어나매, 만 갈래 파도가 따르도다.
밤은 고요하고 물은 차서 물고기가 먹지 아니하니
빈 배에 달빛만 가득 싣고 돌아오도다.

지혜로운 삶의 8가지

學本爲修道　　학본위수도
道本爲全生　　도본위전생
全生安樂國　　전생안락국
何必轉千經　　하필전천경

배움의 근본은 도를 닦기 위함이요,
도의 근본은 아름답게 살기 위함이다.
잘 사는 것, 이것이 극락이라면 굳이,
많은 경전을 읽을 필요가 있나!

— 청매인오 靑梅印悟

지혜롭고 현명하게 잘 사는 데는 8가지 구비할 사항이 있다.

1. 선행善行

과거 칠불께서 "작은 악행이라도 짓지 말고, 작은 선행이라도 하찮게 여기지 말고 실행하라. 이것이 모든 부처님의 가르침이다." 하셨다. 어려운 사람에게 물질적 도움을 베풀거나, 상처받은 사람에게 위로와 덕담德談을 해서 안정시키고, 희망이 없다고 절망에 빠진 사람에게 희망과 사랑의 메시지를 전해 주는 것이다. 힘든 일이 있을 때 힘써 노동력을 제공해 준다거나, 어떤 사람이 나를 적대시하여 냉대하더라도 미소微笑로 응답할 수 있는 여유이다. 또 화재, 수재, 풍재의 크고 작은 재앙이 있을 때도 자원봉사자로 활동하여 힘써 구호하는 일이다. 또 자신이 잘할 수 있는 기술이나 능력을 단체의 여러 수강생들에게 재능기부를 하는 것이 다 여기에 속한다고 본다. 이러한 선행으로 말미암아, 자신의 부족하거나 어려운 점도 타인에 의해 구제 받을 수 있기 때문이다. 그래서 『주역』의 〈문언전〉에는 "적선지가積善之家 필유여경必有餘慶"이라 했다. 선행을 많이 쌓는 집안은 늘 경사로운 일이 발생한다고 하였다.

2. 참선參禪과 명상冥想

고요히 자신을 뒤돌아보는 행위이다. 이 명상의 단계를 4단계로 나누어 볼 때 첫째는 치유 명상으로 정신적 고뇌와 신체적 병고를 어느 정도 치유할 수가 있다. 둘째는 해법 명상으로 현실에 있어 알기 어려운 사항에 대해서도 지속적이고 반복적으로 명상 속에 질문을 던지면(하루, 이틀, 혹은 한 달 내지, 일 년 이상) 문득 마음이 밝게 열리면서 예전에 몰랐던 사실이 확연하게 드러나 문제 해결을 하는 도움이 되기도 한다. 셋째는 기공 명상으로 온몸의 기혈을 구석구석 돌리고 다듬어 건전한 정신과 건강한 신체를 이루는 명상이다. 넷째는 공성 명상으로 현실은 꿈과 같은 줄 알고 현실의 삶에 집착하지도 않고 공空의 성질에 빠지지도 않아 초연하게 살아가는 도인의 모습을 갖출 수 있다. 이때 죽고 사는 일에 도무지 근심 걱정이 없어 모든 중생들의 귀의처가 되는 도자道者적인 힘을 갖게 된다. 즉 아라한이나 부처가 되는 궁극적 명상이다.

3. 독서讀書

아무리 도가 높아도 상대를 이해하고 방편을 드리울 기술이 부족하면 그 도를 원만한 도라 할 수 없다. 독서를 통해서 지적이나 인격이 날로 향상된다. 독서에는 인격을 함양시키는 시, 수필, 소설 등이 있는가 하면 자신의 취미나 직업에 따른 전문서적이 있다. 둘 다 중요하기는 마찬가지다. 안중근 의사는 "삼일부독서三日不讀書 구리생형자口裏生荊棘"라 하셨다. 3일 동안 책을 읽지 않으면 입안에서 가시가 생기는 것 같다고 하셨다.

4. 풍수風水(보금자리)

자신이 사는 곳을 점검하는 것이다. 자신과 알맞은 위치, 지명, 방향 등이다. 동양 풍수에서는 주로 청룡, 백호, 현무, 주작, 안산, 조산을 살펴서 결정한다. 이중에 무엇이 부족하다고 생각될 때는 흙과 돌과 석축으로, 혹은 나무를 심어서 보충한다. 이러한 방법을 비보裨補 풍수라 하며, 이 방법을 가장 잘 활용하신 분은 나말여초羅末麗初의 고승이신 도선 국사이시다. 옥룡자玉龍子 도선 국사께서는 동양 3국(한국, 중국, 일본)의 제일가는 풍수의 대가로 알려져 있다. 일반인도 간단한 풍수로 자신의 보금자리를 살피고 보완해 볼 일이다. 물론 아파트에도 풍수는 있다.

5. 시기時期(타이밍)

어떤 일을 시작할 때와 일을 끝마칠 때를 조율해서 살필 줄 알아야 한다. 어떤 시기에 무슨 말을 꺼낼 것인가 아니면 침묵할 때인가를 알아야 한다. 어떤 일을 진행하다가 중간에 잠시 멈출 줄도 알아야 한다. 분위기를 진작시키기 위해 웃음을 퍼 나를 때와 모진 고통을 인내로써 고난을 극복할 때를 살펴야 한다. 늘 잔잔한 미소로써 응답하다가도 때로는 근엄한 표정으로 방종하고 교만한 분위기를 제압할 줄도 알아야 한다. 이러한 적절한 타이밍을 스스로 알기에는 어렵다. 평소에 자신이 믿고 의지할 만한 사람이던지, 아니면 지혜와 덕성을 갖춘 인품이 있어, 나의 스승이 될 만한 분에게 좋은 식사를 대접하면서 문제점을 토로하고 자문을 구하여 도움을 받는 것이 미래를 위한 큰 대책이 될 수 있다.

6. 교우交友

사귀는 사람이다. 아리스토텔레스가 말씀하기를, "인간은 사회적 동물이다." 하였다. 즉 혼자서도 살 수 있지만, 역시 인간다운 삶은 여러 사람과 서로 부대껴 가면서 정신적·영혼적·물질적으로 서로서로 교감하는 삶이 훨씬, 인생이 풍요롭고 아름답다고 본다. 아랫사람과의 관계, 윗사람과의 관계, 그리고 친구(친구의 종류도 여러 가지다.) 또는 사업동반자, 계모임, 소일동반자消日同伴者(바둑, 골프, 등산, 여행 동반자) 등 여러 사람과 어울리는 가운데 인생의 풍요로움이 있다 하겠다. 물론, 사기꾼, 도둑놈 등 질이 나쁜 사람과는 사귀지 않는 것이 좋다.

7. 운동運動

운동은 일과는 좀 다르다. 일은 일정한 포즈를 취하지만, 운동은 몸 전체의 근육의 균형을 잡는 움직임이다. 요가, 기공체조, 미용체조, 보건체조, 스트레칭 등 다양한 것 중에 자신이 선택해서 매일매일 반복해서 신체의 균형 잡힌 근육을 유지하도록 노력해야 한다. 몸의 균형이 무너지면 자연히 정신력도 나약해지기 마련이기 때문이다.

8. 무화無火

화를 내지 말라. 어떤 경우에도 화를 낼 만한 이유는 많다. 하지만 화를 내서 이루어질 수 있는 일은 적다. 화로 인하여 손해를 보고 복수에 의하여 상처를 받기도 하며 자신의 마음도 안정되지 않는다. 『화엄경』에서는 화를 한 번 내면 태산과 같은 공덕의 숲이 일시에 사라질 수 있으며, 동시에 백만 가지 장애가 따른다 한다. 그 장애를 나열하기에는 지면이 많이 필요하다. 화낼 일이 있어도 오히려 큰 웃음으로 화답할 수도 있고, 아니면 바보처럼 멍하니, 상대를 응시하며 마치 아무 일도 없었던 것처럼 태연자약하는 것이 지혜로운 처세가 될 것이다.

이상과 같이 지혜로운 삶을 구성하는 8가지 요소를 살펴보았다.

지혜로운 삶, 행동의 정의를 묻다

譬如暗中寶   비여암중보
無燈不可見   무등불가견
佛法無人說   불법무인설
雖慧莫能了   수혜막능료

비유하건대, 어둠 속 보배가 있는데
등불이 없으면 볼 수가 없네.
불법을 설하는 사람이 없으면
비록 지혜로운 사람이라도 능히 알 수가 없다.

불교는 "모든 생명이 더불어 함께 평화롭게 공존하기 위한 숲의 종교이다." 요즘 '나는 자연인이다'라는 TV 방송프로가 남녀노소를 떠나서 시청률이 최고 높다고 한다.

2017년 8월 14일 대한민국 농림축산식품부는 산란계 농장을 대상으로 잔류 농약 검사를 실시하던 중 남양주시 농가 한 곳에서 살충제 성분의 '피프로닐'을, 광주시에서 기준치를 초과한 '비펜트린'을 검출했다고 발표했다. 이마트와 홈플러스, 롯데마트 등에서 피프로닐, 비펜트린, 플루메놀수론, 에특사졸 등의 살충제가 검출되면서 살충제 계란 파동 등이 이어졌다. 계란을 안 먹어 마치 영양실조라도 걸릴 것처럼 태국 등지에서 수십억 개의 계란을 사들이면서 웃지 못할 정부 대책을 보았고, 한국의 축산업자들은 설상가상으로 몸과 마음이 함께 무너졌다.

과거 대기오염 물질인 황산화물이나 질소산화물, 오존층 붕괴, 부유분진 등으로 구분되던 것이 이제는 더욱 심각하게 미세먼지가 실질적인 이슈로 등장하기 시작했다. 미세먼지는 국내의 석탄과 석유 등의 화석연료를 태우거나 공장, 자동차의 배출가스에서 발생하는 것으로 알려졌다. 너무도 작기 때문에 대기 중에 부유하다가 인체의 호흡기를 거쳐 폐가 걸러 내지 못하고 혈관을 따라 건강에 나쁜 영향을 미칠 수 있으며, 발암물질이 다수 포함되어 있어 전국적인 문제가 되고 있다.

가습기 살균제 문제도 실제 영유아 36명을 포함하여 78명이 사망하고 많은 사람들이 폐에 이상이 있다고 하소연하고 있다. 영국계 다국적 기업으로 매각되고 판매되어 온 '옥시'에서 발생된 이 살균제는 1994년 출시되어 2011년까지 60만 개가 판매되어 소비자들에게 알게 모르게 심각한 위해를 끼쳐 왔고 죽음에까지 몰고 갔던 것이다.

최근 중국이 재활용쓰레기 수입을 금지하면서 폐지 및 재활용쓰레기 가격이 폭락하자 재활용쓰레기 업체들은 소각 비용이 올라가 수지를 맞추기 어려워져 수거를 거부하여 단순히 정부지원만으로 해결

될 수 없는 심각한 상황에 직면하게 되었다.

올해 5월 3일 대진침대의 매트릭스에서 실내 기준치를 훨씬 초과하는 620베크렐에 달하는 다량의 라돈이 검출되었으며 이는 건강에 좋다고 알려진 음이온 파우더를 매트리스에 코팅하는 과정에서 발생한 것인데, 한 소비자가 우연히 알아내 사회적 문제가 되었다. 라돈은 새집증후군의 대표적인 물질이며 심각한 방사능물질로 인체에 심각한 피해를 끼치는 물질이다.

48년간 낙동강에 비소, 아연 등을 방류하여 하천과 토양을 오염시켜 온 경북 봉화군 석초면의 영풍석포제련소 문제, 평창올림픽을 위해 천연림 파괴 문제 등 녹지 보존을 위한 환경운동 차원에서 대단히 심각한 사안이 되고 있다. 이뿐만 아니다. 심각한 발암성 생리대 문제, GMO 식품 문제, 4대강 재자연화 문제, 화장품의 미세플라스틱 문제, 후쿠시마 방사능 수산물 오염이 된 것이 한국으로 수입된다는 정보 문제 등 어느 것 하나 간단한 것이 없다.

기후 변화의 위기, 핵발전소의 위협, 생물종 다양성의 훼손, 쓰레기 오염 문제 등 모든 위기로부터 환경문제가 발생한 이유가 무엇일까?

오늘날 모든 국가들은 오직 경제, 경제 하며 '경제적 성장'이 국부 창출과 함께 국민의 행동에 결부되어 있다고 오판하여 달려왔다. 산업혁명 이후 불과 200여 년의 짧은 시간 동안 그 이전의 수천 년보다 몇십, 몇백 배 물질적 풍요를 누리는 사회로 급성장해 왔다. 지구촌 여러 나라들이 오직 미국이나 유럽 등지의 선진국을 따라잡으려고 노력해 왔다. 그러나 1990년을 경과하면서 환경문제가 점차 심화되고 이러한 풍요로운 현실이 미래에 지속가능할 수 없다는 것을 여러 나라가 깨닫기 시작했다. 개발을 계속적으로 밀어붙이면, 즉 지구촌에 한정된 자원 소비를 지속하면 전 인류는 Utopia가 아니라 오히려

Dystopia을 맞을 것이라는 사실을 고통스럽게 깨달은 것이다. 성장사회란 대량생산, 대량소비, 대량폐기, 대량쓰레기 사회이며 이는 오늘날 지구온난화를 비롯한 각종 위기를 초래하게 만든 원인이라는 것을 이제야 깨달은 것이다.

불교는 숲과 나무의 종교이며, 공생공존의 종교이다. 부처님은 룸비니 동산 숲에서 태어났다. 보리수나무 아래에서 새벽 계명성을 보고 깨달음을 얻으셨다. 그리고 녹야원 숲속에서 초전법륜을 구르셨고, 쿠시나가라 숲속 두 그루 나무 사이에서 열반에 드셨다. 우리나라의 산봉우리 이름은 천왕봉, 비로봉, 나한봉, 관음봉, 반야봉 등 하나같이 부처님과 보살의 명호가 즐비하다. 절이 없는 숲과 산도 상상할 수 없지만 숲이 없는 절 역시 우리는 상상하기 어렵다. 모든 생명과 더불어 대자연을 보존하고 가꾸며 인류가 함께 유정무정有情無情이 공존공생하는 그런 평화로운 세상을 불교에서 꿈꾸어 본다.

중생심 가운데의 부처

佛是衆生心裏佛　　불시중생심리불
隨自根堪無異物　　수자근감무이물
欲知一切諸佛源　　욕지일체제불원
悟自無明本是佛　　오자무명본시불

부처란 중생심 가운데의 부처요,
스스로 근기의 감당함을 따를 뿐 다른 물건이 아니다.
모든 부처님이 출현하신 근원을 알고자 할진대,
자기 스스로의 무명(망상과 집착)이 본래 이 부처인 줄 깨달아야 하느니라.

"천불생무록지민天不生無祿之民, 지부장무명지초地不長無名之草"란 말은 하늘은 식록이 없는 백성을 탄생시키지 아니하고 대지는 이름 없는 풀(쓰임새 없는 풀)을 기르지 않는다는 말이다.

　문수사리 보살이 선재동자에게 말했다. "약이 되지 않는 풀을 찾아오너라." 하니, 선재동자가 답하기를, "산중에 약이 아닌 풀이 없습니다." 하였다. "그렇다면 약이 되는 풀을 아무것이나 한번 가져오너라." 하니 선재동자가 어떤 한 줄기 풀을 채취하여 문수 보살님께 바쳤다. 문수 보살이 그 풀을 가만히 들어 보이면서 한마디 하셨다. "이 약이 되는 풀이 사람을 능히 살리기도 하고, 능히 죽이기도 하리라."

　세상에 잡초는 없다. 모든 풀이 약이 되고 독이 되기도 하고 식품이 되기도 한다. 다만 그 효능과 쓰임을 아직 알지 못해서 잡초란 이름으로 불리어질 뿐이다. 들이나 채전 밭둑에 지천으로 강렬한 생명력으로 번식하는 쇠비름도 한때는 생명력이 강한 잡초로 분류되었다. 하지만 근자에 연구 결과 오메가3를 풍부하게 함유하고 있다는 사실이 밝혀지면서 최근 위암과 대장암, 이질에 특효약으로 인정받게 되었다.

　한방에서는 이를 마치현馬齒莧으로 혹은 마치초馬齒草로 불리며, 성미는 차고 신맛이 나기 때문에 몸에 열이 많아 얼굴이 화끈거리고 변비나 종양이 있는 사람에게는 좋으나, 반대로 뱃속이 찬 사람에게는 독이 될 수 있다 한다.

　쇠비름의 약효와 관련하여 재미난 이야기가 있다. 옛날 어느 마을에 괴팍한 시어머니를 모시고 사는 착한 막내며느리가 있었다. 그녀는 늘 시어머니에게 시달림을 받았다. 그러던 어느 날 마을에 이질이 돌았는데, 하필 막내며느리가 병에 걸려 죽기 직전이었다. 못된 시어머니는 큰며느리와 작은며느리를 시켜서 병든 막내며느릴 산속 움막에 버리게 했다. 외딴곳에 버려진 막내며느리는 배고픔을 참지 못해 움막 주변의 풀을 뜯어 먹었는데, 신기하게도 병이 완치되어 집으로 돌아가 보니, 가족들은 이질 설사병으로 다 죽고 작은며느리만 겨우 숨이 붙어 있었다. 그래서 그 풀을 뜯어다 먹였더니, 작은며느리도 병이 다 나았다 한다. 그 후로 그 풀은 이질을 치료하는 약으로 쓰이게 되었는데, 그것이 바로 쇠비름이다.

오메가3가 풍부한, 세상에는 오직 한 가지 풀, 한 가지 꽃만 있다면 얼마나 단조로울까. 아무리 장미가 아름답다고 해도 가는 곳마다 장미꽃만 무성하다면 얼마 안 가 싫증이 나거나 관심 없어질 것이다. 들국화는 장미꽃을 부러워하지 않으며, 봄날의 난초와 가을날의 국화는 저마다 다른 향기를 내뿜는다. 꽃이 피고 지고 다시 봄이 되어 피어나듯이, 인생의 삶도 마찬가지이다.

정신세계에서나 물질세계에서나 육체에 있어서도 고정된 실체는 없다. 그래서 『선가귀감』에서는 "물거품 같고 아지랑이 같은 이 육체는 다할 날이 있지만 진실한 행동이나 말은 헛되지 않다." 하였다.

인연을 소중히 여기는 사람은 만남을 결코 소홀히 하지 않는다. 잡초가 약이 될 수도 있고 독이 될 수도 있듯이 독 같은 만남보다는 약 같은 만남이 될 수 있도록 마음을 수련하고 공부하여야 할 것이다.

여러분의 인생을 멋진 판타지로 꽃피울 것인지, 우울하고 성내는 공포의 삶을 만들 것인지, 모든 것은 자기 자신의 선택에 있다.

오일 장날에 큰 궤짝을 사다

 시골이면 지금도 오일장이 서는데, 특별히 살 것도 없으면서 콧구멍에 바람을 쐬러 가는 사람이 있었다. 시장 이곳저곳을 구경하고 지인들과 인사를 나누고 있는데, 시장 한적한 한쪽 구석에 어떤 수행자다운 스님이 아주 훌륭하게 잘 만든 고급스런 궤짝 하나를 앞에 놓고 큰소리로 말했다.
 "이 궤짝을 사십시오. 단돈 천 냥이오."
 지나가는 사람들은 호기심이 일었으나, 천 냥이란 요즘 돈 천만 원에 가까운 돈이라 쉽게 다가서는 사람이 없었다. 하지만 도대체 저 속에 무엇이 들었길래 저리도 비쌀까 하는 궁금증이 생겨 묻는 사람들도 있었다.
 "스님, 그 궤짝 속에 도대체 무엇이 들었소?"
 "뭐가 들었는지 묻지 말고 그냥 사 가시오."
 "물건의 속을 봐야 살 것 아닙니까?"

"여기서는 열어 볼 수 없소. 속는 셈치고 집에 가서 열어 볼 사람만 사 가시오."

보통 사람은 물건을 열어 보지 않고 살 엄두를 내지 못하는 법인데, 남다른 베짱이 있었던 이 사람은 마음이 끌리는 대로 결단을 내렸다. 무엇이 들었는지는 모르나 궤짝부터가 범상치 않았고, 스님도 예사 분이 아니라는 것을 느꼈기 때문이었다. 마침내 거금 천 냥을 주고 그것을 샀다. 하지만 궤짝을 지고 집으로 가면서 궁금증을 거둘 수가 없었다.

'이 궤짝 속에 무엇이 들었을까? 황금이 들었을까? 황금이면 더 무거울 텐데…. 도대체 무엇이 들어 있을까?'

그러나 집에 가서 뚜껑을 열어 보아야 한다는 스님의 말씀 때문에 참고 또 참았다. 이제 고개를 넘어 돌아가면 집이 보이는 마루턱에 이르렀을 때, 더 이상 궁금증을 참을 수 없어 바윗돌 위에 궤짝을 올려 놓고 뚜껑을 열었다. 열어 놓고 보니, 그 안에 다시 작은 궤가 있었고, 그것을 열면 또 무엇으로 싸여 있고…. 이렇게 칠중겹을 풀어 헤친 결과, 맨 마지막에는 지극히 정성스럽게 쓴 일곱 글자 "대방광불화엄경 大方廣佛華嚴經"이 나오는 것이었다. "대·방·광·불·화·엄·경!" 그는 그 일곱 글자를 한 번 크게 읽고 그 자리에 쓰러져 버리고 말았다. 돈 천 냥을 사기당했다는 사실에 기가 막혀 정신을 잃은 것이다. 그런데 잠시 뒤, 어떤 노인 한 분이 나타나 절을 하며 말했다.

"대인께서 오늘 5백 년 묵은 저의 숙업을 풀어 주셨습니다. 이 은혜를 다 갚을 길은 없겠지만, 저를 따라오시면 조그마한 보답이라도 하겠습니다." 그는 노인을 따라 큰 바윗돌 밑의 굴속으로 들어갔다. 여러 굽이를 돌아 마지막 은신처에 이르렀는데, 그곳에는 큰 단지가 있었다. 노인은 그 단지를 가리키며 말했습니다. "저는 5백 년 전에,

평생 동안 갖은 고생을 하면서 많은 돈을 모았습니다. 그 돈을 금으로 바꾸어 몰래 단지 속에 간직하였는데, 갑작스런 사고로 후손들에게 알려 주지 못하고 죽었습니다. 그 금덩이 항아리를 잊지 못한 저는 큰 구렁이가 되어 5백 년 동안이나 금덩어리 단지를 휘감고 지켜왔습니다. 그러나 이 어두운 굴속에서의 생활이란 괴로움뿐이었고, 금덩어리에 대한 애착심 때문에 보기 싫은 몸을 벗을 수도 없고, 이곳을 벗어날 수도 없었는데, 대인께서 오늘 '대방광불화엄경' 일곱 글자를 들려주시는 순간, 저는 해탈을 바로 얻었습니다. 이제 단지 속의 금덩어리는 대인의 것입니다. 바라건대 이 몸뚱이마저 소각시켜 주시면 고맙겠습니다." 노인의 이야기가 끝남과 동시에 정신이 번쩍 든 그는 혼절했을 때 본 바위 밑 굴속으로 들어갔다. 과연 큰 단지가 있고 그 안에는 금덩어리가 가득 들어 있었다. 또 큰 구렁이가 단지를 감싸 안은 채 죽어 있었다. 그는 구렁이를 잘 장사 지내 주었고, 백만장자가 되어 부귀를 누렸다 한다.

배려심 配慮心

대승불교의 꽃다운 행동지침은 보살행을 말합니다. 착한 보살, 수다원 보살, 사다함 보살, 아나함 보살, 아라한 보살 등을 말합니다. 그리고 사제법四諦法을 경유하여 아라한과를 얻은 성문승을 그냥 아라한(소승의 최고의 깨달음의 지위)이라 합니다.

12인연十二因緣 법을 경우하여 최고의 깨달음을 얻은 지위를 우리는 벽지불辟支佛의 연각승 혹은 독각승이라 합니다. 이 두 가지를 우리는 이승二乘이라 하며 또한 소승小乘이라 합니다. 소승은 스스로 소승이라 자칭하지 않았습니다. 역사적으로 대승불교가 일어난 시기는 마명 대사와 용수 보살(나가르쥬나)의 생존 시기를 전후한 1~2세기경으로 보는 것이 일반적인 견해입니다.

소승이란 최고의 깨달음에 도달하고서도 스스로의 수행과 수도의 즐거움을 고취하고 인연 있는 중생들을 교화하기도 하나 특별히 마음을 일으켜 많은 중생을 제도하고자 하는 원력이 혹은 서원이 있지 않은 분들을 말합니다. 반대로 대승의 보살심을 발원하시는 분들은 최고의 깨달음에 미치지 못하더라도 자신의 능력껏 수행도 하고 발원과 서원을 세워 인연 있는 분들만이 아니라 사회 각계각층의 여러 계층의 중생들과 인연을 맺어 불도를 수행하며 전법포교하여 함께 즐거움과 이익을 나누는 무리들을 이름하여 대승이라 하며 보살도라 합니다. 또한 보살의 지위도 다양하며 함께 보살도 의무를 실천함에 있어서는 "상구보리上求菩提 하화중생下化衆生"과 육바라밀六波羅密을 실천 강령으로 하고 있습니다.

불, 보살님이 하시는 일이 곧 불사佛事이니, 이는 불능사佛能事입니다. 불능사란 여러 부처님과 지혜와 복덕을 구비하신 보살마하살이 끝없는 윤회 속에서 큰 고통에 빠진 업보중생들을 제도하고 가르치며 행복한 세계로 인도하고 계십니다. 그러므로 그 근본이 되는 사상은 보살만행의 수행을 통하여 복덕과 지혜를 구비함으로써 자비를 구현함에 있다고 할 수 있습니다.

자비 사상을 자세히 들여다보면 그것은 남을 나와 함께 동반자로서의 배려하는 배려심에 기인한다 할 수 있습니다. 남을 고려하지 않고 배려하지 않는 삶, 오직 나와 내 가족과 내 친한 친족만이 잘 살고 행복해야 한다는 고정관념과 편애심과 아집 때문에 때때로 큰 범죄를 짓고 큰 고통과 불행에 빠지기도 합니다. 오늘날의 세계 정세는 대한민국을 넘어서 국제사회와 이 지구촌도 하나의 생활권이라 우리들의 실생활에 직접 영향 주고 있음은 기정사실입니다. 이마트나 롯데마트나 LG마트 등 대형마트에 가면 여러분께서 우리나라 제주도에서 혹은 충청도, 전라도, 경상도, 서울, 경기 지방뿐 아니라 먼 외국 미국, 호주, 칠레, 중국, 일본, 영국 등 여러 나라의 생산 식품과 가구를 손쉽게 구할 수 있지 않습니까? 뉴욕에서 나비가 날면 홍콩에서는 태풍이 분다고 하는 '나비효과'에 대해서는 여러분께서 익히 아시는 사실입니다. 지구촌 전 세계는 하나의 영향권에서 서로서로 이익과 손해를 교환하고 있습니다. 하지만 여러분은 또 어떻게 여러분의 일상에 그 영향력이 서서히 다가오는지는 자세히는 모르고 있습니다.

　이런 이야기는 이미 삼천 년 전에 부처님이 이 세상에 생존해 계실 때 말씀하고 계셨습니다. 착한 사람이 금생에 선행을 해도 전생의 업이 다 소멸하기 전에는 착한 사람도 고통을 받습니다. 하지만 전생 업이 소멸하고 나면 현생의 선업으로 인하여 행복을 느낄 수 있습니다. 악한 사람이 악행을 행하여도 전생의 선업이 아직 남아 있을 때는 악한 사람도 행복을 느끼고 욕심을 채우면서 살 수 있습니다. 하지만 전생 선업이 끝나고 악의 인과가 무르익으면 악행을 행하던 사람이 결국은 큰 고통과 불행을 맛보게 됩니다.

　이기주의요, 사악한 거짓말쟁이들은 말 바꾸기를 잘합니다. 그 결과적으로 그러한 과보를 또한 받습니다. 요즘 뉴스를 보면 참 재미도 없고 짜증이 날 때가 있습니다. 말로는 모두들 국민들을 위한 정치와 정책이라는데 조금만 들여다보면 자기 편, 자기 권속들을 위한 자신의 명예와 이익 챙기기에 여념이 없는 정치인들이 허다합니다. 이것은 마치 바람난 아내와 남편이 사랑하지 않으면서도 사랑한다고 천연덕스럽게 내뱉는 바람둥이들과 같습니다.

　몇십 년 전에 읽은 '슬라보미르 라위쯔' 작, 『길은 멀어도』라는 책 내용의 일부분이 기억납니다. 히말라야 산 등반을 하다가 어떤 한 사람이 눈길에 쓰러져 있는 것을 발견하고는, 자신도 힘에 겨운지라 같이 죽을 수 없다 생각하고 그냥 지나쳤습니다. 그런데 그 뒤에 다른 한 사람은 눈에 쓰러져 있는 사람의 체온과 호흡이 아직 끊어지지 않았음을 확인하고는 곧바로 들쳐 업고 눈길을 향해 걸어갔습니다. 얼마 후 이 사람도 몹시 힘이 들어 잠시 쉬려고 하는데, 등에 업힌 사람도 건강한 사람의 더운 열기에 서서히 깨어나고 있었습니다. 오히려 등에 업힌 사람이 그 사람을 업고는 다시 길을 떠났습니다. 그리고 한참 후 혼자 살겠다고 바삐 길을 떠났던 사람은 춥고 배고프고 하여 기진맥진하여 죽고 말았는데, 이 두 사람은 서로 업고 동무하며 눈길을 헤쳐 구사일생의 목숨을 구할 수 있었다는 이야기입니다. 내가 바라보는 상대는 남이라고 볼 수도 있지만 배려심으로 살펴볼 때는 바로 동반자로서 서로가 서로를 생각하고 돕는 사이가 되기도 합니다.

『목련경』에 보면 석가여래 부처님께서 한때 십대 제자와 오백 아라한을 거느리시고 길을 나서시다가 한 무더기 해골과 뼈 무덤을 보시고, 부처님께서 그곳을 향하여 정중히 절을 올리셨습니다. 그 모습을 지켜보시던 십대 제자와 오백 아라한들은 몹시 당황스럽게 생각하였습니다. 그때 목련존자가 앞으로 나아가 부처님께 말씀드렸습니다. "삼계의 대도사이시고 태, 난, 습, 화의 사생의 자비로운 어버이신 부처님께서, 인간과 천상의 무수한 범천, 제석천왕들도 부처님께 귀의하여 받드시옵는데, 어찌하여 이 한 무더기의 뼈 무덤에다가 절을 하시옵니까?" 하고 여쭈었습니다. 그러자 부처님께서 말씀하시기를, "여기에 있는 이 뼈 무덤은 나의 억겁 천생만생의 내 부모님이다." 하셨습니다. 희고 무거운 것은 남자의 뼈요, 검고 가벼운 것은 여자의 뼈라고 설명을 덧붙였습니다. "나를 낳은 현생의 엄마, 아빠는 현생의 지극히 가까운 인연의 부모님임에 틀림없지만, 이 뼈 무덤들이 내가 이 세상에 윤회생사하면서 수천수만 억으로 의지한 부모들이 아니고 무엇이겠느냐?"라고 하셨습니다. 이렇게 시간적으로 공간적으로 넓고 크게 차별 없이 꿰뚫어 보시는 부처님의 경지에서는 남이 없는 것입니다. 그래서 무량무변한 대자비 광명의 배려심으로 중생을 제도하고 계십니다.

　오늘날의 시대를 여러분은 무어라고 하겠습니까!

　탐욕과 욕망이 타오르는 시대이며, 혼돈의 시대요, 정체성이 흔들리는 불안정의 시대요, 동시에 문화와 지적 능력이 돈이 되는 시대이기도 합니다. 또한 무한경쟁의 시대요, 1등이 아니면 살아남지 못한다고 외쳐댑니다. 1등이 2등을 배려하지 못하고 2등이 3등을, 3등이 4등, 5등을 배려하지 않는 독자적인 1등은 이 세상에서나 앞으로도 영구히 없을 것입니다. 이러한 법칙은 꼭 사회생활에서만 적용되는 것이 아니라, 가족 간이나 형제 간에도 마찬가지입니다. 부부 간에도 서로 사랑한다고 욕망을 채우다가 몇 년 살다 보면 상대의 잘못된 점, 즉 단점은 드러나고 장점은 귀히 여기지 않아 서로 불신하고 내면으로 충돌하면서도 남들 보기가 부끄러워 밖으로는 원만하게 잘 지내는 것처럼 포장하여 지내는 가정도 많이 있습니다. 가족 간의 대화와 협동심과 단결이 무너지고 자기 취향과 이기심으로 가족을 배려하지 않는다면 부부의 갈등으로 인한 큰 고통을 겪기도 하고, 서로 원수처럼 지내는 부부도 종종 볼 수 있습니다. 형제 간에는 어떻습니까? 재산 상속 문제로 노부모가 살아 계실 때는 서로 모시려고 하다가 상속이 끝나면 서로 안 모시려고 떠넘기려는 경우가 허다합니다.

　한때, 어느 노부부가 살다가 영감이 병이 깊이 들어 돌아가시게 되었을 때, 늙은 마누라에게 당부하기를 논과 밭, 그리고 가옥을 당신 앞으로 등기해 놓고 죽을 때까지 자식들에게 넘기지 말라고 유언하시고 돌아가셨습니다. 하지만 막상 장례를 치르고 보니, (아들 둘 있었음) 큰아들이 어머님께 전답과 집을 자기에게 이전해 주면 어머니는 신경 쓸 것 없이 극진히 잘 모시겠다고 졸랐습니다. 물론 작은아들에게 재산 상속이 조금이라도 갈까 봐 미리 욕심을 챙기는 것이었습니다. 남도 아닌 형제 간에도 배려심이라는 것이 전혀 없는 소치였습니다. 어머님이 곰곰이 생각해 보니, 열 달 품어서 난 자식이라 나를 어찌하랴는 생각이 들었지만, 돌아가신 영감의 말씀도 있고 해서 집만 자신의 등기로 두고, 전답은 모두 큰아들에게 이전해 주었습니다.

그리고 2~3개월 후 큰며느리의 태도가 돌변하고 자신을 대접하는 것이 영 부실했습니다. 아들은 회사에 출근하느라 얼굴 보기도 힘들고, 손주들은 학원과 학교 다니느라 바쁘고, 며느리는 무슨무슨 모임이 그리도 많은지 매일매일 빈집을 지키는 집지기 신세가 되었습니다. 밥상도 어른이라 하면서 독상으로 따로 차려 주는데 반찬이 영 부실할 뿐 아니라, 분명히 아침에 조기 굽는 냄새가 났는데도 자기상에는 생선 한 토막 없는 완전한 채식 상이었습니다. 못마땅하고 울화가 치밀지만 자질구레한 일로 큰아들에게 일러바칠 수도 없고, 여러 날 고심하다가 작은아들에게 찾아갔더니, 작은며느리와 작은아들은 볼멘소리를 하며, 형님에게 그 많은 재산을 상속하시고서 나에게는 장가 갈 때 전셋집 구해 준 것밖에 더 있느냐고 눈을 부라리며 항의를 했습니다.

아들 둘, 눈에 넣어도 아프지 않을 정도로 사랑하고 애틋이 키웠는데, 지금 생각하니 자신의 신세가 처량하기 짝이 없고 눈물만 글썽거렸습니다. 그래서 다시 마음을 다져 먹고 큰아들 집에 갔습니다. 그리고는 집을 복덕방에 내놓았습니다. 혼자 독립하기 위해서, 며칠 후 공인중개사와 매수인이 집을 구경하러 왔습니다. 그러자 그 집 며느리가 말하기를, "우리는 집을 내놓은 적이 없다." 하였습니다. 방에서 가만히 이야기를 듣고 계시던 시어머니가 벽력처럼 뛰어나오며 소리를 쳤습니다. "내 집을 내가 팔아서 조기라도 사 먹을 거다."

사건의 전말을 알고 나서 큰며느리가 잘못했다고 사과하는 것으로써 일단락이 났지만, 내 아들이다, 내 자식이다가 중요한 일이기도 하지만 배려심 없이 오직 자기 자신과 욕망으로만 사는 지금 시대는 한치 앞을 헤아려 볼 수 없는 위험하고 이기주의적 발상에 의해 엄청난 과오와 죄악을 짓는 시대이기도 합니다. 이래서 교육의 중요성이 더욱 절실해지고 불교의 사상과 철학을 연구하고 실천하시는 우리 불자님들은 오탁악세의 이 험난한 세상에서도 행복을 창조하시고 즐기는 분들이라 할 수 있습니다.

지난해(2012년)에 어느 기관에서 148개국의 행복지수에 대한 갤럽조사(설문조사)를 한 적이 있습니다. 즉, 어떤 나라가 부유한가가 아니고 어떤 나라의 국민들이 행복하며, 행복을 느끼고 삶을 즐기고 있는가를 조사한 보고서입니다. 제1, 2위는 아프리카의 파라과이와 파나마가 가장 행복한 나라의 국민이었고 우리나라는 그중 90위의 좀 불행한 국민의 수준이었습니다. 경제 성장도 미미하고 전기나 전화나 수도 시설도 열악한 후진국이며 하루 세끼를 배불리 먹을 수 없는 경제적으로 매우 가난한 나라입니다. 오히려 이런 나라의 백성들의 사유가 평화로운 것은 문명의 혜택을 못 받지만 기계와 정보와 문명의 노예가 되지 않았기 때문이 아닌가 싶습니다. 그리고 가족과 사회 공동체들이 열악한 환경을 극복하고 서로서로 협동하며 사는 즐거운 국민이 아닌가 여겨집니다.

오늘날, 선진국과 우리나라는 물질문명의 고도성장에 따른 기계문명의 노예가 되어 가고 있습니다. 끝없는 스팸성 메일 광고가 보고 싶지 않은데도 스마트폰을 통하여 봇물처럼 쏟아집니다. 대기업은 피처폰을 만들지 않고 이윤이 많은 스마트폰만을 생산하여 스마트폰의 사용이 필요치 않는 노약자나 어린아이에게도 강매하는 배려심이 없는 오직, 경제 성장과 돈벌이만 집중하여 개인이나 단체의 욕심과 욕망을 채우기에 급급합니다. 참고로 미국이나 일본 같은 경우는 피처폰을 더욱 개발하여 노약자나 어린이를 보호하고 있다는 사실을 방송을 통해 보았습니다.

　여러분, 진정한 삶은, 행복한 삶은 정보와 광고의 홍수 시대에서 잠시 벗어나 자연과 더불어 사는 삶, 인간 위주의 자연환경의 파괴나 개발에서 벗어나 머리를 식히는 것이 훨씬 더 필요합니다.

　60년대 미국의 대통령 존 F. 케네디는 말했습니다. 인간들이 자연환경을 파괴하는 개발을 중지하지 않으면 언젠가는 그 환경 개발이 인간의 삶의 질을 떨어뜨리고 인간의 삶을 종식시킬 수 있다고 하였습니다. 자연환경과 동물과 식물이 인간과 공존하는 동반자일 때만이 인간의 행복은 증가하고 삶의 존재의 방식은 평화롭고 안락해집니다. 보고, 듣고, 맛보고, 즐기는 일상에서 벗어나 태고의 깊은 선정삼매에서 우주와 동화하여 무아無我를 체험하는 법희선열法喜禪悅이 그리울 때입니다. 실생활의 끝없는 자극과 충격을 따라다니다 보면 우리는 스스로 갈등과 콤플렉스에 빠져 큰 혼란과 함께 정신적 피로와 고통을 받을 수 있습니다.

　여러분이 흔히 말씀하시는 사랑은 사랑이 아닐 때가 많습니다. 자녀의 사랑, 부부의 사랑, 친구의 우정, 사회나 국가에 대한 사랑, 즉 애국심 등이 집착과 계산으로 행해진다면, 상대를 배려하는 차원이 아닌, 이용가치를 따져서 행해진다면, 그것은 또 다른 차원의 고통을 생산하게 됩니다.

　『원각경』에는 "사랑은 큰 죄악을 낳지만 자비는 무한한 즐거움과 행복의 산실이 된다." 하였습니다. 대승보살도의 자비 사상이란 대가성 없이 누군가가 자기를 기억해 주지 않더라도 무주상보시無住相布施를 행하라는 것입니다. 즉, 집착 없이 배려하고 보시하라는 것입니다. 우리에게 가장 귀중한 것들은 대부분 무료입니다. 저 하늘에 빛나는 태양과 달과 별이 그것입니다. 대지 위의 대기권에 잠시도 없으면 생존이 불가능한 공기도 무료입니다. 산과 들의 푸른 초원과 동해의 푸른 바다를 바라보는 것도 무료입니다. 조건 없이 베풀어 주시는 부모님의 큰 사랑과 이웃 간 화합으로 이루어지는 참사랑으로 서로가 서로를 배려하는 밝고 명랑 사회에서 배려심 깊은 아름답고 향기로운 세상을 염원합니다.

초파일날 연등 크기가 다르네

忘我兼忘世　망아겸망세
頹然只一身　퇴연*지일신
夜深風不動　야심풍부동
松月影侵人　송월영침인

나를 잊고 또 세상사도 잊으니
퇴연한 이 한몸뿐이라.
밤은 깊고 바람마저 고요한데
달빛에 비친 소나무 그림자 사람을 엄습하네.

　우리는 부처님이 탄생하신 날을 통상 초파일이라고 한다. 각 사찰에서는 다양한 크기와 다양한 모양과 오색의 빛깔로 된 등을 밝혀서

※ 퇴연頹然: 선정에 들어 몸과 마음이 고요한 모습.

부처님의 탄생을 축하한다. 축하도 그냥 축하가 아니다. 그야말로 일체 중생들의 고통과 고뇌를 구원하시는 대성인이 오신 날을 봉축한다.

어떤 스님은 꼭 같은 크기의 등을 달기도 하지만, 대부분의 스님들은 등의 크기를 달리하여 축하금을 차등하여 받는다. 그러면 어떤 불자님은, "부처님께서도 돈 많은 불자를 더 사랑하시고 반기느냐?"라고 묻기도 한다. 그러나 부처님께서는 작은 등이나 큰 등을 다는 이를 차별하지 않으신다. 다만, 현생에 복이 있어 베풀 줄 아는 사람도 있고 복이 있어도 베풀 줄 모르는 사람은 차이가 있는데 현생이나 내생에 받는 복의 과보가 다를 뿐이다.

다시 말하면 하늘에서 비가 내리면 온 대지에 차별 없이 내리지만 각자의 그릇의 크기(종제기, 밥그릇, 대야 등)가 다르듯이 빗물이 담기는 양은 각기 다르다. 하늘에서 내리는 비가 차등을 주는 것이 아니라, 자신의 기량에 따라 자신의 그릇을 채우는 것이다. 이처럼 부처님께서는 연등을 밝히는 모든 분들에게 동등한 가피력과 공덕을 주신다.

그러나 그 공덕을 받아들이는 중생들의 입장은 사뭇 달라진다. 마음을 열고 자신의 역량껏 형편껏, 부처님 오신 날을 봉축할 일이다. 그리고 우리 불교는 마음의 수양과 공부를 말한다. 일체유심조一切唯心造, 모든 세상의 만물은 마음이 만든다 한다. 부자가 되는 것도 가난한 것도, 지혜로운 것도 어리석은 것도 다 이 마음을 잘 수행함으로써 나타난다. 달마의 관심론觀心論에서도 "마음, 마음, 마음이여! 참으로 알기 어렵도다. 옹졸하게 쓰면 바늘구멍보다 더 작고, 너그러이 쓰면 이 세상을 다 감싸고도 남는다."라고 한다.

마음을 깨친 자를 부처라 한다. 또한 사람마다 불성佛性이 있어, 누구나 다 부처가 될 수 있다 한다. 그런데 나는 왜 부처가 되지 못하는가? 나는 왜 깨치지 못한가를 되돌아보아야 한다. 깨침의 미학美學을 견성見性이라 한다. 자기 자신의 성품을 깨우친다는 뜻이다.

보조국사 지눌 스님께서는 이것을 "공적영지空寂靈知"라 하신다. 고요하고 고요하여 적막한 가운데서 신령스런 자연한 지혜가 샘솟는다는 뜻이다.

유식불교唯識佛敎에는 깨달음의 단계를 3단계로 나누어 놓았다.

첫째, 변계소집성遍計所執性이라 하여 대상을 판별하고, 개념화하여 자신의 욕망에 따라서 분류하여 집착하는 것이다.

둘째, 의타기성依他起性이라 하여 대상과의 관계에서 조건에 따라 상호작용하는 것을 말한다. 의식이 있는 순간을 말함이니, 소리를 듣는 찰나요, 대상을 보는 바로 지금이다. "여보게!" 하고 불렀을 때 반응하여 고개를 돌린 바로 그것이다.

셋째, 원성실성圓成實性이라 하여 참된 성품으로서, 듣는 것을 되돌려 듣는 마음이고, 아는 것을 아는 마음이며, "여보게!" 하고 부를 때 고개를 되돌아보기 이전에 이것이 무엇인가 하고 회광반조廻光返照하여 살피는 마음이다. "그 마음의 작용을 깨닫는 것이 곧 깨달음이며 불성인 것이다." 그 마음의 작용이 일어나는 곳을 되돌려 살펴보는 것이 원성실성이며 깨달음이며 돈오頓悟라 한다.

그러나 더 깊이 들어가면 삼자성三自性은 본래로 무자성無自性이라 한다. 마음이 공적하여 한 물건이라도 이름 붙일 수 없으나, 한 마음을 일으키면, 천만 가지 현상과 법칙이 일어남을 『화엄경』에서 누누이 설하셨다.

3

사랑할 수 있어 행복하다

죽음을 염두에 두고 삶에 질문을 던져라

天然本性在何方　천연본성재하방
密密廻光切莫忘　밀밀회광절막망
驀得疑團成粉碎　맥*득의단성분쇄
大地山河一時收　대지산하일시수

천연한 본래의 성품은 어디에 있는가?
밀밀히(힘써) 빛을 돌이켜 망상을 피우지 말라.
의심덩어리가 깨어지면 홀연히,
산하대지를 일시에 거두리라.

어떤 신도님이 법문을 다 듣고 나서 "깨달은 사람을 어떻게 알 수 있습니까?" 하고 질문했다. 우리는 불자라 해도 여기에 대해서 확실

※ 맥驀: 곧장, 홀연히, 갑자기

하게 대답하기 어려울 것이다. 그러나 2가지 방법으로 점검할 수 있다. 방법이 전혀 없지만은 않다.

첫째, 조계의 큰 선지식으로부터 인가를 받아 만인이 인증하는 도인이면 깨달은 분이라 할 수 있다.

둘째는, 그 사람의 행주좌와行住坐臥 어묵동정語默動靜을 보고 대중들이 스스로 느끼는 방법이다. 하지만 본인은 스스로 깨달은 사람이라고 밝히지 않을 수도 있다.

『대지도론』에 장문의 시詩가 있다.

어머니 태 안에서도 죽는 이도 있고, 태어나자마자 죽는 이도 있고, 한창 나이에 젊어서 죽는 이도 있다. 또한 천천히 늙어서 삶을 향유하며 죽는 이도 있다. 과일이 익으면 갖가지 인연으로 떨어지는 것과 같다. 죽음이라는 공포는 아무도 벗어날 수 없다. 그러나 죽음이 두려움이 아니라는 걸 깨닫는 순간, 모두가 편안해진다. 아무리 지혜가 출중하고, 제 아무리 권세가 높고, 훌륭한 덕을 쌓은 이도 죽고, 죽음을 벗어난 자는 예전에도 없었고 미래에도 없으리라. 아무리 말을 잘해도 벗어날 수 없으며, 애걸복걸해도 안 된다. 계율을 깨끗이 잘 지킨다 해도, 정진을 열심히 잘한다 해도 죽음이란 도적은 연민심이 없으니 그가 다가오면 아무도 피할 수가 없다.

어떻게 잘 사느냐는 어떻게 잘 죽을 수 있느냐는 명제를 함께 생각하게 된다.

소크라테스의 외모는 볼품이 없었다. 그는 땅딸막한 키에 배가 나왔으며, 납작코에 두터운 입술, 튀어나온 눈알에 대머리 모습이었다. 곁에 사람들이 외모를 가꾸거나 옷을 잘 입으려고 할 때, 그는 그런 것에는 별로 가치를 두지 않았다. 그는 자신의 외모를 농담의 소재로 삼기를 즐겼다.

어느 날 그는 친구들에게 자신이 미남자 '클리스토 블러스(당시의 미남자)' 보다 잘생겼다고 말하고는 그 사실을 이렇게 증명했다.

"어떤 물건이 잘생겼다는 것은 그것이 쓸모 있게 만들어졌다는 뜻이다. 그 점에서 볼 때 내 눈은 미남자(클리스토 블러스)보다 잘생겼어. 그의 눈은 앞만 보지만 튀어나온 내 눈은 가만히 옆도 볼 수 있거든. 또 땅 쪽으로만 열려진 그의 콧구멍에 비해 들창코인 내 코는 사방의 냄새를 자유롭게 맡을 수 있지. 그뿐인가, 두툼한 내 입술은 덩어리가 큰 음식을 물 수도 있고, 입맞춤도 더 강렬하게 할 수 있으니, 그 또한 쓸모에 뛰어남이 아니겠는가!"

소크라테스는 안다는 것의 확실한 근거를 찾는 입장에서 부단히 의문을 제기하는 입장을 취했다. 어떤 사람이 A라는 질문의 답을 B라고 말하면 그는 B의 근거를 물었다. B의 근거가 C라고 말하면, C의 근거는 무엇이냐고 물었고, 상대방이 C의 근거가 D라고 말하면 그는 또다시 D의 근거는 무엇이냐고 물었다. 이런 식으로 끈질기게 질문을 이어 가게 되면 상대방은 논리적 혼란에 빠지게 마련이다. 그는 자신이 어떤 사실을 알고 있다고 믿는 것의 근거가 매우 빈약하다는 것을, 또는 무엇인가를 분명히 안다는 것이 얼마나 어려운 것인지를 인정하지 않을 수 없게 되는 것이다. (너 자신을 알라!)

그리하여 곤란지경에 빠진 상대방에게 소크라테스는 이렇게 말하곤 했다.

"나는 당신을 이기려고 질문을 던진 것이 아니오. 다만 당신과 함께 문제를 깊이 검토함으로써 진실이 드러나게 하려고 했던 것뿐이라오."

소크라테스는 자신이 사용한 이 방법을 '산파술'에 비유한 적이 있다. 그는 한 젊은 제자에게 말했다. "나의 어머니 파이나레테는 유명한 산파產婆(조산원)였고 나는 그 산파술을 이어 받았어. 내가 쓰는 방법은 산파들이 아기를 낳는 걸 도와주는 것과 같다. 다른 점은 산파들은 임산부의 해산을 돕지만, 나는 남자들의 해산을 돕는다. 나는 남자들의 정신적 해산을 돕는다는 거야. 나와 토론하다 보면 처음에는 자신이 무지하다는 느낌이 들게 되지만 차츰 많은 걸 깨닫게 된다네. 그 깨달음은 내가 주는 것이 아니라 그 스스로에게서 나오는 것이다. 나는 논쟁 보따리가 아니라, 단지 질문을 좀 할 줄 아는 사람일 뿐이지."

소크라테스는 이 산파술로써 당대의 모든 지식인들을 곤경에 빠뜨렸지만, 자신 또한 정말로 아는 것은 없다고 말했다. 그는 자신과 자신이 상대한 사람들 모두 진정한 앎을 얻지 못한 사람들이라는 점에서는 같다 한다. 다른 점은 그들은 모르면서도 아는 줄 생각하고 있지만, 자신은 모르는 것을 모르는 줄 아는 것(무지지지無智之知)이라고 말했다.

"나는 단지 내가 모른다는 것을 알 뿐이다. 내가 진정으로 아는 것은 없다."라고 말했음에도 불구하고 소크라테스는 그 '무지지지'에 근거하여 확고부동한 삶을 살았고 인류의 등불이 되었다.

"나는 모든 것을 아는 자요, 모든 것을 이긴 자이다."라고 선언하신 부처님께서도 그 앎(깨달음)에 근거하여 확고부동하게 사셨고 인류의 태양이 되셨다. 소크라테스에게도 종교성이 발견되고 부처님의 가르침에서도 철학성이 다분히 있다. 하지만 본질에 있어서 소크라테스는 질문을 중시하고 사물의 근본을 철저히 이해하려는 노력과 겸손을 미덕으로 여기는 철학자였으며 부처님은 해답(solutions)을 중시하고 천상천하 유아독존의 자세를 엄연히 지키신 거룩한 종교인이셨다.

두 분이 걸어간 길은 이렇듯 달랐지만 삶에 있어서는 확고부동한 의지를 보이셨고 죽음에 있어서는 초연했다는 점에서 비슷했다. 지금도 두 분은 인류의 가장 고귀한 스승으로서 큰 광명으로 자리하고 계시다.

진공묘유眞空妙有

常開頂門眼　　상개정문안
不關生死路　　불관생사로
淸風吹太虛　　청풍취태허
萬古活一道　　만고활일도

지혜의 눈은 언제나 열려 있으니
나고 죽음과는 전혀 상관이 없네.
허공엔 맑은 바람 불고 있나니
만고에 활발한 이 도리여!

—동계선사東溪禪師

진실로 비어 있다는 것은 모든 것을 다 갖추고 있다는 말로도 통한다. 저 허공엔 아무것도 없는 것처럼 보이지만, 우주의 온갖 사물과 지옥과 천당과 극락도 모두 허공을 의지해 있음을 알 수 있다.

어느 날, 시골 사람이 고귀한 신분의 사람을 만났다. 그런데 이 사람은 하얀 가루를 가지고 다니면서 고기나 나물반찬을 먹을 때면 그 가루를 적당히 뿌려서 음식물을 먹었다. 시골 사람이 신기해하며 물었다. "그게 뭡니까?" "아, 이거요, 소금이라는 것입니다. 음식에 적당히 뿌리면 맛이 아주 좋아지지요." 시골 사람은 가만히 생각하기를 음식에 적당히 뿌리면 맛있다니까 저 소금만 한번 먹어 봐야지. 얼마나 맛이 있을까 생각했다. 그리하여 시골 사람은 소금을 한 줌 집어서 입안에 넣었다. 맛있기는커녕 지독히 짜고 견딜 수 없어 뱉어 버렸다. 결국 입맛을 잃은 시골 사람은 속이 상해서 따져 물었다. "당신 말만 믿고 소금을 한 움큼 집어 먹었다가 지금 입맛을 잃고 말았습니다." 귀한 신분의 사람이 말했다. "이렇게 어리석을 수가 있나. 양을 헤아려 음식에 적당히 섞어서 먹어야지 소금만 먹었단 말이오?"

'백유경'의 이 이야기는 『대지도론』 제18권에서 그대로 인용하고 있는데, 소금만 한 움큼 삼킨 남자는 '공空' 만 알면 다 된다고 생각해서 그 어떤 선업이나 수행을 하지 않고 오직 '공' 만 얻겠다고 덤벼드는 사람에 비유하고 있다. 소금은 다른 음식물의 맛을 도와서 아주 깊고 풍부하고 감칠맛을 내게 해 주지만, 그것만 먹으면 짠맛으로 인해 입맛을 잃어버리는 것처럼, 공의 이치도 역시 그러하니 공에만 집착해 버리는 사람은 온갖 선근善根을 끊어 버린 것이 된다는 것이다.

공의 이치란 가득 차 있는 저 모든 것들의 내용물을 비워서 텅 비게 만드는 것도 아니요, 어제법단멸령공於諸法斷滅令空 지혜방편智慧方便으로써 관찰했기 때문에 공한 것도 아니다. 불이지혜방편관고공不以智慧方便觀故空 그릇된 견해를 가진 사람은 모든 법을 부수어 텅 비게 만들어 버리지만, 참답게 공을 관찰하는 사람은 모든 현상이 있는 그대로 공한 줄 아나니, 이렇게 깨달은 사람은 부서지는 것도 무너지는 것도 없이 공성空性을 깨닫는다. 그릇된 견해를 가진 사람은 입으로는 공하다고 연신 말하면서도 사랑스런 대상에게는 사랑으로 집착하고 미운 사람에게 미움으로 쏠리고 어리석은 사람을 대하면 교만으로 우쭐거리며 현상계가 공한 줄을 모르고 온갖 교만방자하고 이기심으로 악행을 지어 과보를 또한 받는다. 참다운 공이란 그 속에 모든 현상계가 다 있어 조금도 부족함이 없는 줄을 깨닫는다. 원동태허무흠무여元同太虛無欠無餘 허공과도 같은 마음이기에 집착하지 않아도 그 모든 것을 수용할 수 있는 것이다.

사랑하지 않아서 불행하다

旅遊心緒 亂如麻　여유심서 난여마
落日空瞻 北去鴉　낙일공첨 북거아
誰道山僧 無顧念　수도산승 무고념
夢魂頻度 漢江波　몽혼빈도 한강파

나그네 마음 실타래처럼 어지러우니
석양의 하늘가에 북으로 나는 까마귀 떼 바라보네.
스님은 정이 없다 누가 이런 말을 하는가!
내 꿈은 자주 한강물을 건너가는데.(대마도에서)

―서산대사

　불행하다는 것은 사랑받지 못해서보다 사랑하지 못해서 더욱 불행하다. 봄에 저 숲의 나뭇잎을 바라보라. 여린 나뭇잎에 의지해 생을 영위하는 애벌레들이 나뭇잎을 갉아먹고 있다. 그 나뭇잎은 비바람을 막아 주기도 하고 애벌레의 성장을 위한 먹이가 되어 주기도 한다. 그 나뭇잎이 애벌레의 먹이가 되어 주지 않는다면, 어떻게 꽃을 피웠을 때 나비의 달콤한 입맞춤을 받아서 열매를 맺을 수 있을까! 그래서 사랑은 마냥 즐겁고 유쾌한 것이라기보다 책임과 임무를 다할 때 돌아오는 아픈 사랑인 것이기도 하다.

'아픈 사랑', 그것이 없을 때 우리는 불행하다고 느낀다. 『화엄경』에 "불지소유만덕지중佛地所有萬德之中 여래유용대비위력如來唯用大悲爲力"이라 하셨다. "부처님께서는 수많은 공덕심이 계시지만 그 가운데 중생의 아픔과 서러움을 어루만지시는 대자심을 으뜸으로 삼는다."라는 뜻이다. 우리 불자들도 대자비를 쓸 때는 차츰 부처님을 닮아 간다고 할 수 있다. 또 대승기신론에서는 삼심을 개발하여 불지에 이른다 한다. 삼심이란 직심直心, 심심深心, 대비심大悲心을 말한다.

• 수행의 7단계

1. 마하반야바라밀摩訶般若波羅蜜을 사유한다.
2. 나는 본래 불성佛性을 가지고 있다.
3. 나는 물론 우리 모두가 주인공이다.
4. 일하고 사랑하되 집착하지 말라.
5. 웃자 웃으니까 (행복해서 웃는 것이 아니라) 웃을 만한 일이 생긴다. 화를 낼 만한 일이 생기면 침묵하라. 고요히 비추어 보아 그 원인이 어디에 있는지를 살핀다.
6. 행복에 안주하지 말고 보람된 일을 하라.
7. 매 순간마다 부처님이 할 수 있는 일을 생각한다. 부처가 할 일을 내가 하니 장차 스스로 성불에 이른다.

수행은 계율戒律이 근본이 된다

山非招我住   산비초아주
我亦不知山   아역부지산
山我相忘處   산아상망처
方爲別有閑   방위별유한

산이 나를 오라고 부른 것도 아니요,
나 역시 산을 알지 못하니,
산과 이렇게 나를 잊은 곳에
바야흐로 절대한 한가로움이 있네.
   (이렇게 물아일여物我一如가 되면 생사일여生死一如의 경지가 되어 세속의 흥망성쇠의 법칙에 따르지 않아, 마음이 늘 한가롭고 태평하다)
—취미대사翠微大師*

※ 취미수초翠微守初: (1590~1668) 조선 시대 스님.

계는 개인적인 것이니 스스로 알아서 행하는 것이요, 율은 대중적인 공공질서이니 단체생활에서 반드시 지켜야 하고 지켜져야 한다. 지키지 않을 때는 벌을 가하기도 하지만, 심하면 퇴출退出시킨다. 부처님의 팔만 사천 가지 법문을 요약해 보면 계정혜戒定慧의 삼학三學이다. 우리 불자들은 이 삼학을 부지런히 닦아서 궁극에는 부처가 되는 것을 지향한다.

계율은 스스로를 단속하며 공공질서를 지키는 윤리, 도덕성이요, 정학은 깊은 명상에 들어 선정을 닦는 행위이며, 혜학은 부처님이 설하신 여러 가지 법문을 배우고 연구하는 행위이다. 이 가운데(삼학 중에서) 계율을 제일 먼저 거론하는 이유는 계율이 모든 수행의 근본이 되기 때문이다.

우리가 높은 빌딩을 지을 때 기초를 깊고 튼튼하게 다지는 이유는 높은 빌딩의 하중을 견고하게 붙들고 있는 기초가 매우 중요하기 때문이다. 기초가 부실하면 아무리 아름답고 화려한 건축물도 어느 날 하루아침에 무너질 수밖에 없기 때문이다.

이와 같이 불교를 수행해서 작게는 이 세상에서 평화와 행복을 추구하고 멀리 궁극적으로는 부처를 이루고자 하는 불자들은 바로 계율의 중요성을 알고 또한 실천해야 한다.

선정과 지혜에 대한 연구는 그다음에 행해져야 한다. 일반 사람들의 마음은 항상 경계에 따른 분별심으로 탐욕과 성냄과 어리석음을 떠날 수 없기 때문에 계율이란 잠금장치를 나와 더불어 불도를 수행하는 모든 불자들을 보호하기 위하여 결과적으로 계율을 지켜서 얻는 즐거움은 말할 수 없다 한다. 크게는 목숨을 위험에서 구해 주고 작게는 명예와 재산을 보호해 준다.

율장에는 계율을 지키는 행위를 여름에 뙤약볕에 큰 나무 그늘이 있는 것과 같이 중생들의 삶에 큰 행복의 그늘을 드리우는 것과 같이 비유하고 있다. 계율에는 재가불자 5계와 사미 10계와 비구 250계가 있으며, 스님과 함께 재가불자들이 함께 지키는 대승계로는 '보살계'가 있다.

보살계는 10중대계와 48경계로 이루어져 있다. 『범망경보살계품』을 읽어 보면 참으로 인생의 무상함을 알고 도를 닦을 마음이 저절로 일어난다. 『고승전』에는 중국 동진 때 여산혜원 선사가 열반의 순간까지 계행에 철저했음이 잘 나타난다.

병이 들었을 때 약으로 술과 고기를 권했을 때, 단호히 거절하고 입적에 드셨다. 신라의 자장 율사께서는 "계를 지니고 하루를 살다가 죽을지언정 계를 어기며 백 년의 삶을 원치 않는다." 하셨다. 그것은 인생의 가치가 오래 사는 데 있지 않고 하루하루가 진리와 더불어 오염되지 않고 청정하고 아름다운 삶을 추구했기 때문이다. (처염상정 處染常淨: 진흙물에 물들지 않는 연잎에 비유하다.)

계율을 지키지 않거나 무시하는 불자나 스님이 높은 도를 이루기는 불가능하다는 것을 거듭 천명闡明하는 바이다. 오후불식을 하는 장산 스님은 가끔 여의치 못해 저녁식사를 하고 나서는 그다음 날 몸이 무겁고 불쾌함을 분명히 느낀다.

가난이 두려워서 보시하지 않으면

溪聲便是廣長舌　계성편시광장설
山色豈非淸淨身　산색기비청정신
夜來八萬四千偈　야래팔만사천게
他日如何擧似人　타일여하거사인

계곡물 흐르는 소리는 부처님의 설법이요,
산빛은(자연은) 어찌 부처님의 몸이 아니겠는가.
간밤에 깨우친 많은 법문들을
어떻게 다른 날 타인에게 설명할 수 있는가.

—소동파 蘇東坡

송나라 때 문장가 소식이 동림상총東林常總 선사에게 도를 닦고 참선을 하고, 절에서 집으로 돌아오던 중 산중의 작은 폭포의 물소리를 듣고 즉시, 이 게송을 읊었다 한다.

　대체로 베푼다는 것은 불교에서 여러 가지로 말하고 있다. 첫째는 재물을 베풀어 가난한 약자를 돕는 것이고, 둘째는 두렵고 희망이 없는 사람에게 용기와 위로와 함께 희망을 주어 근심 걱정에서 벗어나게 하는 것이고, 셋째는 진리의 법문을 열어서 깨달음을 얻게 하여 참으로 지혜로운 삶을 살게 하는 법문을 베풀어 주는 것이다.

　한때 부처님(석가모니불)께서는 중인도 사위국 기수급고독원(빈민구호소)에 계셨다. 이때에 얼굴이 아주 미묘한 어떤 천자는 새벽에 부처님께 알현하고 부처님의 발에 절을 하고 한쪽으로 물러앉았는데, 그 몸의 광명은 기수급고독원을 두루 비추었다. 그때에 그 천자는 게송으로 부처님께 여쭈었다.

　"아끼는 생각이 마음에 생기면 그 어떤 것도 즐겨 보시를 행할 수 없다. 밝은 지혜로 복을 구하는 사람은, 그것을 깨달아야 능히 은혜를 베풀 수 있다."

　그때에 세존께서 게송으로 답하셨다.

　"가난이 두려워 보시하지 않으면 보시하지 않는 두려움이 언제나 있어, 굶주리고 목마를까 두려워하나니, 인색한 마음은 두려움에서 생긴다. 이 세상이나 저 세상에서 언제나 어리석어 굶주림 두려워하네. 그러나 죽을 때는 어떠한 재물도 가져갈 수 없나니, 인색한 업보로 더욱 가난한 업보로 양식이 없네.

　가진 것이 없어 적은 재물을 보시하는 이라도 많은 재물을 보시하는 이라도, 보시하기 어려움을 능히 극복하는 것(인색한 마음을 이기는 것), 그것을 일러 어려운 보시라 하느니라. 무지한 사람은 깨닫지 못하지만 지혜로운 사람은 능히 안다.

　도둑질과 사기로써 중생을(국민을) 속이고 괴롭게 하여 거기서 얻는 온갖 재물로 많은 사람들에게 베풀어 지역 사회를 편안하게 해도, 그것은 죄 있는 보시라 하나니, 그것을 저 평등하고 자비로운 보시에 비하면 미치지 못하기 한량없다. 법다이 계율에 맞게 행하여, 거기서 얻는 작은 재물이라도 베풀어 주고 보시하기 어려운 보시를 행하면, 그것은 부처님 법에 알맞나니, 가는 곳마다 언제나 행복하고 안락하며, 목숨을 마치고는 천상에 태어나니라." 그때에 그 천자는 게송으로 화답했다.

"오랜만에 부처님을 뵈었나니, 그분은 열반을 완전히 얻어 세상의 모든 두려움 이미 떠났고, 세상의 은애와 사랑을 뛰어넘었네."

그때에 천자는 부처님 말씀을 듣고, 매우 기뻐하면서 부처님 발 아래에 머리를 조아리고 이내 사라져 나타나지 않았다.

출리바라밀出離波羅蜜이란

　이 세상에서 가장 큰 사업은 뭐니 뭐니 해도 복지사업福祉事業이다. 복지란 국민들의 기본생존권을 보장하고 국민의 행복을 증대해 나가는 일이다. 그러므로 모든 사업은 다 중요하지만 그 사업의 본질에서 벗어날 경우는 심각한 부작용을 초래한다. 그러니까 외형적으로 보이는 형태와 물량으로서 크다 적다 하는 어리석음을 범犯하지 말아야 한다. 비유하자면, 한 국가를 통치하고 널리 온 국민들을 위하여 불철주야 노력하고 애쓰는 일국一國의 대통령의 복지정책이나, 한 가정의 가장이 되어 가족 혹은 자신의 어머님을 위하여 지극정성 효도하는 모습에서, 어느 복지가 더 크고 위대하다고 말해서는 안 된다는 것이다. 물론, 외형적 체계와 물량으로 봐서는 국가 복지정책이 훨씬 더 크고 위대하다.
　유가儒家에서도 '수신재가치국평천하修身齋家治國平天下'란 말이 있다. 스스로 자기 자신으로부터 수행하고 다듬는 것이, 곧 가정을 위해서도 사회나 국가를 위해서도, 더 나아가 천하 만민을 위해서도 참다운 복지정책이라 말하고 있다.

자기 자신의 진정한 내면수행의 성찰 없이는, 겉모양과 물량적 사업 규모로서의 복지정책을 이행하고 있다면, 그것은 '복지사업' 이라는 미명하에 복지에 역행逆行하는 행위요, 복지의 파탄이라고 말할 수 있다.

오늘날 복지를 외치는 구호나 정책에서 자기 자신이나 자신이 소속한 단체의 이익을 추구하는 소시민적 집단 이기주의에서 발생하는 복지정책들을 가만히 살펴보면, 작금昨今의 복지정책들은 복지의 대란이라 해도 과언이 아니다. 그간에 여러 대통령이 고심하고 이행하려 했던 '공무원 연금법' 도 우선 공무원과 공무원 아닌 국민들로 나누어 생각해 볼 수 있다. 과거 과도한 '공무원 연금 복지정책' 이 이제 와서 후손들에게 막대한 경제적 손실과 고통을 안겨 줄 사안이 명약관화明若觀火함에도 불구하고 그쪽에 줄을 선 사람들은 자신들이 쌓아 놓은 금자탑에 일푼이라도 손실을 끼치지 말라고 아우성을 치고 있다.

양보 없는 복지정책은 결국 국민들을 분열시키고 민심을 어지럽히고 있다. 거듭 말하지만, 복지의 본래 기능은 국민들의 최소한의 기본 생존권을 보장하고 나아가 국민 최대 다수의 행복 증진을 위한 정책임에도 불구하고 복지정책으로 인한 분열과 고통을 해소하기 위해서는 보다 넓은 마음으로 이해하고 양보하는 인성과 덕성이 필요하다.

그래서 복지보다 더 근원적인 것이 있는데 이것은 사업적 성격이라기보다 내면의 성찰로서 우주와 인생의 삶의 존재에 대해서 깊이 모색해 보는 것이다.

불자 여러분들은 육바라밀에 대해서 익히 잘 알고 계시지만, 십바라밀이란 말도 가끔 들어보셨을 것이다. 육바라밀에 방편, 원, 력, 지바라밀을 말할 수도 있지만, 여기서 말하고 싶은 십바라밀은 『담마빠다』에 나오는 더 정확히 말하자면 『니까야』에 나오는 십바라밀 중에 '출리바라밀出離波羅蜜'이라는 것이다. 이 출리바라밀이 중생을 부처되게 하는 통로의 첫 번째 수행바라밀이다.

『능엄경』에서도 "깨달음의 행복은 모든 것을 쉴 줄 아는 데서 온다." 했듯이 세상사에서 너무 힘들 때는 다 놓을 줄 아는 것이 참지혜라는 것이다. 이것도 중요하고 저것도 소중해서 어느 것 하나 놓을 줄 모르고 지나치게 현실세계에 집착하다 보면 마음의 고통과 더불어 육체의 병까지도 겹치게 되어 마음의 안식을 얻지 못하고, 명예와 권력과 재물을 많이 가지고도 그것이 도리어 짐이 되어, 부모형제 간에 재산 상속으로 인한 투쟁과 재산을 관리하고 권력을 유지하기 위한 신경이 곤두서서 감당할 수 없는 고통을 맛볼 수도 있다.

> 새벽에 보이던 것이 저녁에 안 보이고, 어제 있던 것이 오늘 없어졌네.
> 모든 것은 무상하여 닳아지고 없어질 뿐 믿을 것 하나 없네.
> 변해지고 없어지니 흐르는 강물처럼 한 번 가면 못 오는 것.
> 사람의 목숨도 이와 같아 가고는 못 온다네.

『출요경出曜經』〈무상품無常品〉에 나오는 이 시 구절은 인생을 무상한 것으로 보고 어서 발심하기를 재촉하는 말이다. 경의 이름인 '출요'란 빛나고 반짝이는 것을 들추어 낸다는 뜻으로, 부처님이 든 비유의 이야기가 별빛처럼 반짝이는 경구警句가 되어 무상을 깨닫게 하여 '출리'를 유도하는 글이다. 이 『출요경』은 30권 34품으로 구성되어 있다. 요진 때 축불념 스님이 번역하였다.

아난존자가 어느 날 기원정사에 있다가 성 안으로 밥을 빌러 나갔다. 때마침 사위성 안에서 남녀가 모여 놀이를 하고 있었다. 아난이 탁발하고 돌아오다가 놀던 사람 중에 한 사람이 갑자기 죽는 것을 보았다. 이에 충격을 받은 아난이 기원정사로 돌아와 부처님께 이 사실을 말씀드렸더니, 부처님께서는 하나도 놀랄 일이 아니라 하시고, 이 세상의 모든 것은 그것보다 훨씬 더 덧없는 것이어서 하나도 애착할 일이 아니라고 말씀하셨다.

또 파사닉 왕이 어머니 장례식을 치른 후 슬픈 마음으로 묘지에서 돌아오던 길에 위로받기 위하여 부처님을 찾아간다. 부처님께 예배를 마친 파사닉 왕이 120살을 살다 가신 어머님이 병으로 돌아가셔서 마음이 슬프고 괴롭다고 말씀드리자, 부처님께서는 강물이 쉼 없이 흐르는 것처럼 모든 것은 변한다. 사람의 목숨도 죽음을 향하여 끝없이 흐르고 있다고 말씀하셨다.

이 몸은 끊임없이 늙고 병들어 가고 있다. 스치기만 해도 깨어지는 새알의 껍질처럼 우리 몸을 보호하고 있는 피부는 얇고 허약하다. 이런 몸을 가지고 "나는 건강하다, 튼튼하다, 병이 없다"라고 자만한다면 그는 크게 어리석은 사람이요, 곧 후회하게 될 일이 생긴다. 몸이란 무너지고 아프기 마련이지만, 마음만은 아프지 말자. 마음은 본래 아픈 것이 아니기에. 지혜가 밝지 못한 사람은 오온五蘊이 뭉쳐진 이 몸을 '나'라고 생각하거나 나의 것이라 생각한다. 그러기에 이 몸을 집착하고 붙들려고 애쓴다. 집착하고 붙들기에 이 몸이 변하고 병들어 무너지고 파괴되면 통곡하고 애달파하며 번민한다. 차가운 슬픔과 뜨거운 번민에 몸과 마음이 아프고 고통스럽다.

이것은 몸과 함께 마음이 병들어 아픈 모습이다. 그러나 부처님의 가르침에 따라 밝은 지혜를 갖춘 제자들은 오온이 뭉쳐진 인연화합의 이 몸뚱아리를 '나'라고 생각하거나, '나의 것'이라 집착하지 않는다. 이 몸이 병들어 무너지고 파괴되어도 마음이 아파 통곡하거나 번민하지 않는다. 이것이 몸은 무너져도 마음은 괴롭거나 아프지 않는 것이다.

　치매나 중풍과 암 같은 결정적인 불행의 요소인 병도 알고 보면 자신이 하고자 하고 이룩하려던 일이 뜻과 같이 풀리지 않아, 그것이 자신의 마음 한구석에 깊이 집착으로 자리 잡아서 일어나는 육체적 현상으로서의 병이다. 모든 일을 그저 흐름으로 관찰하지 못하는 데서 오는 분노와 어리석음으로 생기는 병이다.

　부처님께서 왕사성 죽림정사에 계실 때 일이다. 하안거를 해제하는 전날에, 마을 사람들의 축제가 벌어졌다. 여러 명의 왕자들이 축제에 참석하고, 왕궁에서 가장 화려하고 우아한 옷을 차려입고 축제에 참석했다. 시내 여기저기 축제를 알리는 깃발이 펄럭이고, 모든 사람들이 거리로 나와 춤추고 노래를 불렀다. 그런데 축제 분위기와는 반대로 한 비구 스님이 언덕에 홀로 앉아 있었다.

　그는 출가 전에 왕자의 신분이었으나, 수도원 언덕배기에 앉아 성 안에서 벌어지는 화려한 축제를 물끄러미 내려다보고 있었다. 화려한 축제를 바라보면서 자신을 초라하고 가엾게 여기어 슬픈 생각에 빠져들었다. 다시 말하면 자신의 비구로서의 삶에 환멸을 느끼며 세상에서 가장 비참한 사람이라는 연민심에 빠져들었다. 마침 그(비구 스님)는 큰 나무 아래에 앉아 있었는데, 이 나무에 목신이 살고 있었는데, 스님의 탄식하는 소리를 듣고 이렇게 일러 주었다. "스님, 지옥에서 고통받는 중생은 인간의 삶을 얼마나 부러워하는지 모르시지요? 그런데 부러움의 대상인 인간은 천상에 태어나기를 바라고, 천상인을 부러워합니다. 그런데 부러움의 대상인 천상인들의 대상이 있습니다. 바로 인간세계의 비구나 수행자의 삶입니다." 이 말을 듣고 스님은 자신이 비구로서의 삶을 스스로 초라하게 생각하며 한탄했던 것을 부끄럽게 여기고, 수행자의 삶이 얼마나 훌륭한 선택인지를 깨달았다. 다음 날 이 스님은 부처님을 찾아뵙고 자신과 목신木神의 대화 내용을 말씀드렸다.

  부처님께서 스님의 말을 다 들은 뒤에 이렇게 말씀하셨다. "비구여! 생명을 받는 가운데 인간으로 태어나는 것이 쉬운 일이 아니다. 하지만 인간이 되어도 수행자로 산다는 것은 더더욱 어려운 일이다." 그러고 나서 부처님께서 한 게송을 읊으시었다.

> 비구가 되기는 어려운 일,
> 비구가 되었다 해도 수행으로 지복至福을 얻기는
> 더더욱 어려운 일이어라.
> 가정생활을 한다는 것은 즐거움보다 고되고 힘든 일,
> 마음이 맞지 않는 사람과 뜻을 맞추기는
> 매우 힘겨운 일이다.
> 생사윤회生死輪回의 끊임없는 둑카*의 연속,
> 둑카의 고통에서 벗어나기 위해서는 (수행을 통해서)
> 생사윤회의 고통에서 벗어나야 한다.

※ 둑카: 정신적, 육체적 고통.

법연사계 法演四戒

是是非非都不關　시시비비도불관
山山水水任自閑　산산수수임자한
莫問西天安養路　막문서천안양로
白雲斷處是靑山　백운단처시청산

시비에는 도무지 상관하지 않으니
산천의 자연경관이 스스로 한가롭다.
서방 극락세계가 어디냐고 묻지 말라.
흰 구름 걷힌 곳이 바로 청산이구나.

불감혜근佛鑑慧懃 스님이 처음 서주의 태평사太平寺의 주지로 와 달라는 청請을 받고 오조 법연 스님께 하직 인사를 하니 법연 스님께서 "절의 주지는 스스로를 위해 네 가지 조심할 점이 있다." 하시고 경계한 말씀이다.

> 권력을 다 부려서는 안 된다.
> 복福을 다 누려서는 안 된다.
> 규칙을 다 시행하려 해서는 안 된다.
> 좋은 말을 다 해서는 안 된다.

신앙信仰과 기도祈禱

　불교를 믿는 불자들은 어려움(경제적, 신체적, 병고, 이혼, 실연 등)에 처하면 두 가지 문제에 부딪히게 된다.
　첫째, 불법승 삼보에 대한 확실한 믿음이 있는가(신심)이다. 둘째, 종교적 체험(절, 기도, 정근, 독송, 사경, 참선 등)을 통하여 가피가 실제한가(감응)이다. 위의 두 가지 사항을 놓고 볼 때, 신심도 없는데 가피가 있을 수 없고, 신심이 있어 열심히 기도하다 보면 가피가 따르게 된다. 보통의 경우 큰 시련이 닥치다 보면 신심도 잃게 되고 부처님만 원망하게 되는 경우도 있는데, 자신의 어두운 업식으로 오는 재앙을 기도의 힘으로 극복해야 한다.
　처절凄切하게 좌절挫折해 본 사람만이 기도를 통하여, 더 큰 보람과 희망希望을 맞이할 수 있다. 말할 수 없는 큰 고통의 세월을 살아온 사람만이 행복幸福의 무게는 더욱 커지는 것이다.
　행복이 어디서 저절로 굴러오겠는가! 지혜智慧와 자비慈悲를 함양涵

養하고 기도를 실천하는 사람만이 행복의 기회가 주어지는 것이다. '진인사대천명盡人事待天命'이란 말이 있듯이 최선을 다하고, 그리고 돌아올 자연의 뜻을 기다린다.
　그럼 기도는 어떨 때 하는가? 평상시에 정해 놓은 시간에 꾸준히 하는 것이 최상이며 또한, 기도할 때는

　　1. 절망적인 사항이 벌어지고 있을 때
　　2. 사고가 나서 크게 다치거나 죽음이 있을 때
　　3. 어떤 일을 시작할 때(개업)
　　4. 어떤 일을 끝마칠 때(종결)
　　5. 즐겁고 좋은 일이 있을 때(감사의 기도)
　　6. 괴롭거나 몸이 아플 때
　　7. 친구나 친척 집에 경사가 있을 때
　　8. 자녀들이 시집, 장가갈 때
　　9. 친구나 친척들이 큰 불행이 있을 때
　　10. 이웃의 길흉사가 있을 때

　이럴 때 특별 기도를 할 수 있으며 평상시는 정해 놓은 시간에 할 수 있어야 한다.
　기도란, 자신의 내면세계의 무한한 에너지를 불보살님 가피력으로 이끌어 내는 것이다.

　　11. 환자가 수술할 때도 기도해야 한다.

　기도가 눈에 보이지 않지만 기도하는 사람과 그렇지 않는 사람은

많은 차이가 난다. 필자도 병원에서 고치지 못하는 고질병이 있는 사람들이 기도를 통하여 개선되고 치료되는 경우를 참 많이 보아 왔다.

백문이불여일견百聞而不如一見이요, 백견이불여일작百見而不如一作이라. 백 번 들어도 한 번 보는 것만 못하고, 백 번 보아도 한 번 실천해 보는 것만 못하다 했으니, 오늘부터 시작해 봄이 어떤가! 가장 늦은 시작이라고 생각하는 때가 가장 빠른 때일 수도 있다.

기도는 상대방을 위해서 할 때도 많다. 참다운 사랑은 상대를 예속隷屬하는 것이 아니라, 상대가 원하는 것을 살피고 불편한 것을 도와드리는 것이다. 또한 상대의 생명을 나의 생명처럼 받아들이는 것이다. 그래서 가장 큰 보시는 물질적인 것이 아니라, 자신의 목숨을 보시하는 것이다.

기도는 나와 남을 하나 되게 하고, 불보살님과 하나 되게 하고, 기도는 우주의 에너지와 하나 되어 언젠가는 다 이루어지는 것이다. 그러나 기도는 쉽지 않기에 평상시에 밥 먹듯이 지속적으로 이루어져야 한다.

신심이 날 때는 하고, 바쁘면 그만두고, 힘들고 지쳐 못하면 온전한 기도의 가피력을 받기 힘들다. 젊어서는 마음껏 즐기다가 '늙어서 하지' 하지만, 기도도 숙달이 되어야 잘할 수 있다. 평상시에 늘 기도하는 습관을 들여 놓아야 한다. 일정한 시간을 정해 놓고 매일매일 하는 것이 좋다.

대승보살의 길

정신적 가치에 중점을 둔 실천하는 삶이 보살의 길. 물질적 가치에 중점을 둔 맹목적 삶은 중생의 삶이며 허망합니다. 물질적인 것은 성成, 주住, 괴壞, 공空하고, 정신적인 것은 생生, 주住, 이異, 멸滅하며, 육체적인 것은 생生, 노老, 병病, 사死합니다.

이 시대의 진정한 승리자는 누구인가요! 이 시대의 가장 아름다운 이는 누구인가요! 이 시대의 가장 행복하고 훌륭한 이는 누구인가요!

바로, 집착과 갈애를 놓아 버리고 더불어 함께하는 보살의 삶입니다. 자비를 이해하고 실천하는 보살의 삶입니다.

1. 구호적口號的 자비와 실천적實踐的 자비

요 며칠 사이, 눈비가 오락가락하며 일기가 고르지 못합니다. 또 거리에는 기독교의 연례행사로 자선냄비가 흥을 돋우고 삶의 무게를 직시하고 있습니다.

불교는 고통을 여의고 행복한 삶을 이끄는 원동력으로 자비 사상입니다. 불교가 가장 불교다워야 하는 시대에 또한, 자비를 교리나 구호에 그치는 가장 인색한 종교가 되어서는 아니 될 것입니다.

우리나라 국민의 53.5%의 종교인구 가운데 불교, 기독교, 천주교 순서로 22.8%, 18.3%, 10.9%가 되는데(2005년), 인구비율로는 아직도 불교인이 가장 많습니다. 그러나 국내뿐 아니라 해외에까지 종교 홍보를 하고 선교 사업을 하는 데는 기독교가 가장 적극적 지원과 선교활동을 펴고 있습니다.

한국이 해외에 구호하는 단체를 찬찬히 살펴보면 94개 구호단체 중에 불교계가 이끄는 단체는 고작 6개 단체(로터스 월드, 아름다운 동행, JTS, 지구촌 공생회, 더프라미스, 사단법인 하얀코끼리)입니다. 구호 단체의 대부분은 기독교 계열입니다. 천주교도 여남은 단체가 있는 것으로 알고 있습니다. 불교는 자비의 종교입니다. 하지만 항상 입으로 머리로만 헤아리는 자비로는 어떤 행복도 싹틔우기 어려울 것입니다. 이웃 종교에 비교하려는 것이 아니라, 이웃을 사랑하고, 모든 생명을 사랑하려는 불교인들의 폭넓은 실천적 자비가 아쉬운 때입니다.

그러나 또한 불교의 사상이나 철학을 잘 이해하지 못하고서 무조건적인 수행과 실천을 강조하는 것은 배나 뗏목 없이 바다를 건너려는 것과 같이 무모한 도전일 수 있습니다.

2. 수행修行에는 교학敎學이라는 기초가 튼튼해야 한다

불교철학을 깊이 이해하며 실천 수행하는 것은 금상첨화錦上添花라 할 수 있습니다. 부처님의 가르침은 삶이라는 크고 넓고 위험하기도 한 큰 바다를 건너는 나침판이 구비된 안전한 배와 같습니다. 그러므로 교리를 기초부터 튼튼히 하는 것은 여러분의 수행과 행복한 생활에 있어서 음으로나 양으로 지대한 영향을 미칠 것이 분명합니다.

여러 불자님께 자신 있게 드릴 말씀은 불교의 사상과 철학을 연구하면 삶이 풍요로워지며 행복해진다고. 정신적 영역뿐만 아니라, 물질적·경제적 측면에서도 마찬가지입니다.

금세기는 문화의 시대이며 문화의 창조와 혁명의 시대이기도 합니다. 정서적이고 정신적 영역이 발달하지 못하면 어둡고 답답한 삶을 살 수밖에 없습니다. 문화가 세력이며 돈이 되는 세상입니다. 정신문화를 돈으로 결부시키는 것은 좀 어둔한 표현입니다만 정신문화의 안정과 발전이 없고서는 미래의 어떤 행복도 기대하기 어렵습니다.

3. 『반야심경般若心經』에서 보는 불교 사상과 철학

우리가 법회 때마다 독송하는 『반야심경』의 원래 제목은 '마하반야바라밀다심경' 입니다. 번역하면 마하는 '가장 훌륭한' 이고 반야는 '지혜', 바라밀다는 '도피안', 즉 '저 언덕을 건너다', 심경은 '핵심 되는 경', 즉 '핵심의 진리' 라는 뜻입니다. 전체 뜻은 '가장 훌륭한 지혜로서 피안으로 건너는 핵심의 진리' 라는 뜻입니다. 그런 점에서 『반야심경』은 부처님이 말씀하신 『팔만대장경』의 핵심을 담고 있는 경전입니다. 〈탄생게誕生偈〉에서도 밝혔듯이 부처님께서 사바세계에 오신 근본 이유는 중생의 고통을 사라지게 하기 위해서입니다. 그렇다면 어떻게 무슨 방법으로 고통에서 벗어날 수 있을까요. 『반야심경』에서는 중생들이 고통에서 벗어나기 위해서는 위대한 주문을 외우라고 합니다. 그것은 바로 "가자, 가자, 건너가자, 완전하게 건너가자. 깨달음을 성취하자(카떼 카떼 파라 카떼 파라쌍 카떼 보디 스와하)." 라는 것입니다. 그러니까 우리들이 세상을 살아가면서 괴로움에 부닥칠 때마다 언제나 항상 이 주문을 외우고 현실을 돌이켜 이상의 세계로 나아가는 것입니다.

뜻대로 안 되고, 탐욕이 생기고, 화가 날 때에도, 마음에 들지 않는 얄미운 사람과 대화할 때에도 항상 우리는 이 주문을 생각하고 외워야 합니다. 이 주문을 좀 더 효율적으로 외우는 방법은 "가자, 가자, 건너가자, 완전하게 건너가자, 깨달음을 성취하자."를 입자적 구호에서 파동적인 에너지로 전환할 것을 강조합니다. 입자적이란 개체인 자기중심적 삶이요, 파동적이란 나와 내 주변의 모든 요소와 더불어 둘이 아닌 함께하는 삶을 말합니다.

4. 수행의 요체要諦는 공적空寂한 마음가짐이다

티베트의 고승 파담빠상계와 딜고켄체 린포체는 말합니다. "마음이 산란하고 강한 집착과 적대감, 욕심으로 가득 차 있다면 진언을 수천 독을 하고 밤새워 절하더라도, 그것은 맛있는 음식에 독을 타서 먹는 것과 다름없으며, 이것은 부처님이 제시하는 행복한 수행과 삶이 아니다." 여러분이 흔히 『금강경』을 몇천 몇만 번 독송하고 나서 『금강경』을 독송했다는 생각에 사로잡혀 있다면 그것이 바로 아상이요, 삿된 생각이라는 것입니다. 독송의 공덕으로 현실에 입자적 형태가 아닌 파동적 형태로 되살아나 스스로의 상에 붙들려 있지 않다면 보는 사람은 다 알고 공경하게 됩니다. 내가 '나'라고 하면 '아상我相'이 되어 큰 장애가 되지만 사상四相(아상我相, 인상人相, 중생상衆生相, 수자상壽者相)에 걸림 없다면 무루의 공덕이 되어 모든 존재에 비추이기 때문입니다.

춘추 전국 시대에 양나라 혜왕이 신하에게 물었습니다. 아름답고 훌륭한 음악을 나 혼자 감상했을 때가 즐겁겠느냐 아니면 궁중의 여러 대신들과 비빈들과 함께 듣는 것이 더 즐겁겠냐고. 신하의 대답은 혼자서 즐기는 것보다 여러 사람들과, 더 나아가서 온 백성들과 함께 즐기는 삶은 훨씬 더 즐겁고 행복할 것이라고 말했습니다.

어떤 학자가 말했습니다. 1970년대 물질문명보다 지금의 물질문명이 300배 이상의 풍부를 즐기고 있다고. 하지만, 인류의 삶의 양은 풍부해졌는지 모르지만 정신적 행복의 질적 삶은 오히려 과거보다 훨씬 빈곤해졌다고. 스마트폰을 비롯해 온갖 첨단기기가 발달해 생활이 말할 수 없이 편리해졌지만, 상대적으로 현대인들은 수많은 정보와 범죄의 굴레에 시달리며 태고적인 고요한 휴식 없이 혹사당하며 결코 행복해지지 않았습니다. 과잉 업무와 떠밀어 내기에 시달리며 쉬어야 하는 시간에도 쉬지 못하고 스팸성 및 광고성 메시지가 시도 때도 없이 불필요하게 전해 옵니다. 정보를 모르고, 1등이 아니면 살아남지 못한다는 광고성, 정보성 협박이 난무합니다. 이러한 것이 바로 인류가 진정으로 바라는 행복일까요?

부처님의 가르침은 허구도 아니요, 실제도 아닙니다. 『금강경』에서 "허망하지도 않지만 실제라고 (융통성 없이) 집착하지 말라. 무실무허無實無虛."라고 하셨습니다.

5. 육근六根과 십이처十二處와 십팔계十八界

불교에서도 과학적 분석을 합니다. 논리와 비논리는 종교적 양날개입니다. 모든 현상에 대해 세밀하게 분석을 합니다. 사람을 구성하는 요소를 오온五蘊, 육근六根, 십이처十二處, 십팔계十八界로 구분합니다. 왜냐하면, 나라고 할 만한 고정된 실체, 즉 아트만(나의 고정된 실체)을 찾기 위한 것입니다. 그런데 아무리 찾아도 그런 것은 없습니다.

『반야심경』에서도 바로 그런 걸 말하고 있습니다. "'눈, 귀, 코, 혀, 몸, 마음'도 없고 '소리, 형상, 냄새, 맛, 감촉, 대상'도 없으며 눈의 세계 내지는 의식의 세계까지도 없느니라." 이것이 바로 그런 의미입니다. 왜냐하면 모든 주어진 여건은 늘 변하기 때문입니다. 우주의 물질도 성주괴공成住壞空하고 육체도 생로병사生老病死하며 마음까지도 생주이멸生住異滅하기 때문입니다. 모든 것이 변하기 때문에 고정된 실체라는 것은 없습니다. 깨달음이란 바로 고정된 실체가 없어, 항상 변하고 있다는 사실은 변하지 않는다는 것을 깨닫게 되는 것입니다.

6. 제행무상諸行無常: 변하지 않는 것은 없다

석가세존 재세시在世時에 어떤 여인이 백 일째 되는 두꺼비 같은 아들을 잃고 말았습니다. 병으로 죽은 것입니다. 이 여인은 죽은 아이를 업고 거리를 미친 듯이 날뛰었습니다. 내 아들을 살려 내라고. 여러 날 미치광이처럼 외치고 돌아다녔습니다. 그러다가 아이 엄마까지 죽게 생겼습니다. 누군가가 그 모습을 바라보기가 애처로워 세상에는 자비하시고 거룩하신 부처님이 계시니까 그리로 가 보면 어떻겠느냐고 일러 주었습니다. 물론, 부처님이신들 어떠하랴만 그 여인이 너무 불쌍해 보였기 때문입니다. 어찌어찌해서, 이 가련한 여인은 죽은 아이를 업고 부처님 처소에 이르렀습니다. 부처님께서 그 모습을 보시고 연민의 정으로 깊은 사유를 하셨습니다. '저 여인은 지금 죽은 아이에게 매우 집착하고 있다.' 그 집착에서 놓여 나지 않으면 필경에 아이 엄마도 생목숨을 잃을 수밖에 없음을 사유하셨습니다. 부처님께서 자비하신 음성으로 부드럽고 위엄 있게 말씀하셨습니다. "그대 아이는 살릴 수 있다." 하니 마치 지옥에서 부처님을 만난 것처럼, 그 여인은 섬광 같은 희망의 눈빛이 번득였습니다.

부처님께서 이어 말씀하셨습니다. "허나, 한 가지 조건이 있다. 사람이 죽어 나지 않은 집안의 볍씨를 한 그릇 얻어 오너라. 너의 아들을 살려 줄 것이다." 이 말씀 끝에 여인은 오직 죽은 아이를 살릴 생각에 이 동네 저 동네를 다니면서 며칠 동안 사람이 죽어 나지 않은 집안의 볍씨를 구했지만, 사람이 죽지 않은 집안은 어느 동네 아무 곳에서도 발견할 수 없었습니다. 오히려 비웃음만 샀습니다.

부처님께서는 중생의 근기根機에 따라 직설直說하시지 않고 널리 방편方便을 쓰셨던 것입니다. 사람은 태어나면 필경에 죽는다는 사실을, 그 여인은 뼈에 사무치도록 깊이 아로새겼습니다. 그것도 남녀노소男女老少와 부귀빈천富貴貧賤에 상관없이 수시로 사망한다는 사실을 가슴 깊이 사색하고 또 사색하였습니다.

이윽고 세상사의 무상을 사무치게 느끼고 부처님께 출가의 뜻을 밝히고 비구니가 되었습니다. 그 여인은 얼마 안 가 수행승으로는 최상의 깨달음인 '아라한阿羅漢(소승 4과의 최고극과. 응공, 살적, 응진이라 번역)'이 되었다고 전해지고 있습니다(무학위無學位).

그러니 우리는 인연에 의해 존재할 뿐이지, 나라고 할 만한 '나'도 없고 환경이나 자연도 고정된 실체는 없다는 것입니다. 최근 과학자들도 우리 몸의 세포를 분석하는 과정에서 우리 몸을 구성하는 세포 가운데 하나를 잘게 쪼개, 가장 작은 미립자를 발견했다고 합니다. 그런데 이 미립자가 입자인지 파동인지를 분석하는 과정에서 신기한 일이 생겼습니다. 현미경을 놓고 관찰하는데, 당연히 입자일 것이라고 생각한 사람이 봤을 때는 입자로 보이고, 그런데 파동일 거라고 예견한 과학자가 관찰하면 파동적 특징으로 나타난다는 것입니다. 이러한 현상을 물리학에서는 '관찰자 효과'라고 말합니다.

말할 나위 없이 불교철학에서는 '일체유심조一切唯心造'라 하지요. 세상만사는 다 마음먹기에 달렸다는 뜻이지요. 우리 스스로 입자적 삶, 즉 중생의 물질적 오욕락에 집착하는 삶은 고통스런 삶을 영위해 나갈 것이요, 파동적 삶, 즉 스스로 서원을 세우고 주변 환경과 주변 사람들과 동식물들과도 교감하는 함께하는 삶은 행복을 증대해 가는 보살의 길이라 할 것입니다.

7. 수행자修行者의 분류分類

초기 불교에서는 사람의 특징을 크게 세 종류로 나누고, 그런 중생들의 특성을 분석해 수행 방법을 제시해 놓았습니다.

욕심이 많아 집착이 강한 탐행자貪行者와 작은 일에도 화를 잘 내는 진행자瞋行者와 시비선악是非善惡과 흠염정추欽厭淨醜를 잘 모르는 어리석은 치행자痴行者입니다. 우리들은 수행자修行者이지요. (웃음)

탐행자는 자기 마음에 드는 것은 무조건 끌어당기는 에너지가 강한 특성이 있고, 진행자는 그 반대로 자기 마음에 들지 않는 것은 밀쳐 내는 에너지가 강한 특성이 있고, 치행자는 어리석어 모든 행동이나 습관이 느리고 둔하고 지저분한 특성이 있습니다. 부처님의 가르침에는 탐행자는 욕심이 많기 때문에 부정관不淨觀을 닦아야 하고, 진행자는 일체를 연민憐愍히 여기고 사랑하는 자비관慈悲觀을 닦아야 하고, 치행자는 수식관數息觀을 닦으라고 하셨습니다.

여러분이 갖고 있는 이러한 성품은 천성이라고도 하며 여러 생生에 익혀 온 습관이기에 고치기가 여간 어렵지 않습니다. 그러기에 깨닫고 나서도 계속적이고 지속적인 수행과 보임保任(보호임지保護任持의 준말. 깨달은 바를 잘 지켜 수행해 나아감)이 매우 중요합니다. 이것을 돈오점수頓悟漸修라 합니다. 인도의 사상가 '오쇼 라즈니쉬'는 말합니다. "만 번의 깨우침이 있고서도 한 번의 실천행으로 나타나기가 어렵다."라고 했습니다. 그러나 여러분은 이미 부처님 법法 가운데서 깊은 신심信心으로 알고 행동하고 실천에 옮겨, 그러한 일들은 세수하다가 코 만지는 것만큼이나 쉽다고 할 수 있습니다. 알고 바로 실천에 옮기는 사람들은 속칭 '용감한 사람들' 혹은 '용감한 녀석들' 이라 하지요. 불교적 용어로는 '대비보살' 이라 합니다.

위빠사나 같은 초기불교의 수행 방편은 '엄정한 관찰' 입니다. 즉 자신의 몸과 마음, 성품을 관찰하는 관법觀法이라 할 수 있습니다. 그렇다면 각각 훈련은 어떻게 하는 것이냐 하면, 먼저 자신의 몸을 분석해 보는 것입니다. 눈과 귀, 코, 혀 등 몸 전체를 해체해 각각 관찰해 나감으로 해서 '나' 라고 할 만한 고정된 실체가 없다는 것을 철저히 확인해 나가는 것입니다.

다음은 마음을 관찰합니다. 마음은 변화가 많기 때문에 묶어서 관찰해야 합니다. 보통 코밑이나 배꼽 아래의 단전에 집중하면서, 마음이 그곳에 있다고 집중하고 늘 관찰하면 마음을 묶어 보는 것이 가능해집니다.

다음으로 성품은 스스로를 돌이켜보는 훈련입니다. 성품이란, 자기 자신이 다생多生으로 익혀 온 습관과 천성을 말합니다. 즉 선입관, 고정관념 등입니다.

이렇듯 몸은 해체해서 관찰하고 마음은 묶어서 집중시켜 보고, 성품은 돌이켜 살펴보는 것이 불교 수행자의 첫 걸음입니다.

8. 궁극적窮極的 수행修行, 보살의 길

불교의 요체는 인과설因果說과 중도설中道設 입니다. 『반야심경』 역시 중도를 설명하고 있습니다. 고정된 실체는 없습니다. 다만 연기에 의한 현상이 존재할 뿐입니다. (이것을 뒷받침하는 것은 Krama, 행위, 업설이다.) 그러니, 일체 중생들의 한량없는 고통은 현상을 쫓고, 현상을 붙잡고, 현상을 집착하는 데서 발생하는 것으로써, 바로 '나'라고 내세울 내가 없음을 사무쳐 깨달아야 한다는 것입니다. 어떻게 살아야 할 것인지는 불보살이 결정할 일이 아니라, 바로 여러분 스스로가 결정해야만 합니다. 중생심에 머물러 오욕락의 깊은 쾌락을 맛보고 수많은 고통을 감내할 것인지, 아니면 보살도의 서원을 세워 일체 중생들과 함께 행복해지는 숭고崇高한 삶을 살 것인지는 여러분의 뜻에 맡겨졌습니다.

> 황금이 소나기처럼 쏟아질지라도
> 인간의 욕망은 다 채울 수 없다.
> 욕망에는 짧은 쾌락에 많은 고통이 따른다.
> ─『법구경』

天上天下　　천상천하
唯我獨尊　　유아독존
三界皆苦　　삼계개고
我當安之　　아당안지

하늘 위나 하늘 아래
오직, 나 홀로 존귀하다.
온 세상(삼계)은 다 고통스러우니
내, 마땅히 이를 평안하게 하리라.

인과응보는 분명하다

　부처님보다 조금 앞서, 사위성(사왓티)에 마하수완다 장자가 살고 있었다. 재산은 많이 가졌으나 슬하에 자녀가 없어 외로워하였다. 그런데 집 근처에 커다란 정자나무가 있었는데, 그곳에 청소를 하고 모래를 뿌리고 평탄 작업을 하고 울타리를 치고 깃대를 꽂아 아름답게 단장을 하고, 이 오래된 나무에는 목신이 있을 것이다 생각하고 기도를 올렸다. "우리에게 자녀를 얻게 해 주면, 그 은혜를 잊지 않을 것이다." 하고. 과연 일 년이 지나서 아들을 낳고 또 낳아 아들 둘을 얻었다. 형은 '마하팔라', 동생은 '쫄라팔라' 라 하였다. 팔라란 보호하다는 뜻이다. 세월이 흘러 아들들이 성년이 되고, 부모님의 유산을 상속하고, 결혼을 했다. 그러나 형 '마하팔라' 는 출가를 결심하고 재산을 동생에게 모두 넘겼다.
　그 당시에 기원정사에 제일 큰 시주는 '아나타삔디까' 와 '위사카' 였다. 이 두 사람은 하루 1~2번씩 기원정사(제따와나)에 들를 때 어린 사미나 비구들을 위하여 단 한 번도 빈손으로 들리는 적이 없었다. 비구들을 위하여 음식, 음료수, 의복, 좌복, 약 등을 공양했다. 또한 개별적인 요구를 들어 필요한 것을 스님들께 공양했다. 그리고 아나타삔디까는 단 한 번도 부처님께 법에 대한 질문을 한 적이 없다. 스승에 대한 무한한 존경심에서 스승님을 괴롭게 해서는 안 된다는 생각이었다. 그러나 부처님의 생각은 달랐다. '이 장자는 나를 지나치게 배려하는구나.' 내가 중생들을 제도하기 위해 사아승지겁과 십만 대겁(아득한 세월)을 윤회하여 바라밀을 완성했다.

바라밀의 완성을 위해
① 귀족으로 태어났을 때 아름다운 머리장식을 자르고
② 눈알을 뽑아 상대에게 보시하기도 하고
③ 심장을 뽑아 상대에게 생명을 보시하기도 하고(장기 이식)
④ 생명보다 더 사랑스럽고, 애착이 가는 아들과 딸 그리고 아내를 보시한 적도 있었다(『본생경』).

이것은 오직, 일체지를 얻어 중생들을 제도하기 위해서인데, 이 장자(아나타삔디까)는 나를 염려하고 지나치게 배려하는구나 하며 법 法을 설하셨다. 이 교단에는 두 가지 할 일이 있다.

첫째는 진리를 이해하는 교학이요, 둘째는 수행이다. 교학이란 경율론의 삼장을 배움이요, 수행이란 여법하게 계율을 지키며 ① 소박하고, ② 단출하고, ③ 외롭게, ④ 외진 곳(아란야, 적정처, 아쉬람, 꾸띠)에서 생명의 흐름을 지켜보고 사위의 四威儀(행, 주, 좌, 와) 가운데 끊임없이 노력하여 아라한이 되는 것이다. 이때 출가한 마하팔라는 부처님께 말씀을 드렸다. "나이 들어 출가했으니, 교학을 거쳐 수행에 들기는 어렵고, 위빠사나 수행은 할 수 있습니다."라고 마하팔라는 승단에서 짝구팔라라 하고 열심히 정진했다.

사위의 가운데서 자리 눕는 것은 빼어 버리고, 걷거나 앉아서 치열하게 수행정진하다가 드디어, 눈병을 얻고 말았다. 그 당시에 승단에 의료를 봉사하던 의사 지바카가 있었다. 부처님을 비롯해서 스님들께 무료로 의술을 보시했다. 의사 지바카가 짝구팔라 비구를 위해 안약을 처방했으나 잘 낫지 않았다. 지바카가 이상하게 여기고, 혹시 자리에 누워서 안약을 넣어야 하는데, 앉아서 약을 투여하는 게 아닌가 하고 물었다. 그러나 짝구팔라 비구는 그에 대한 대답을 하지 않았다. 여러 번 약을 주고 물었지만 통 대답하지 않았다. 의사도 처방을 포기하고 물러가 버렸다. 눈은 점점 병이 깊이 들어, 어느 날 밤에 완전히 망가져서 봉사가 되었다. 그때에 비로소 일체의 팔만 사천의 번뇌가 녹아내리고 태양보다 더 맑은 일심一心이 밝아져 '아라한과'를 얻게 되었다.

짝구팔라 비구 처소에는 많은 벌레와 개구리 등이 비구의 발에 밟혀 죽었다. 그것을 본 다른 비구가 부처님께 고했다. 짝구팔라 비구는 계속적으로 벌레를 죽이는 살생을 범하고 있다고. 부처님께서 그런 사실이 고의적인지 아닌지, 아니면 눈이 멀어서 무심히 밟아 죽였는지를 묻고, 아라한과를 얻은 비구는 고의적으로 한 것이 아니니 생사生死 윤회輪廻를 받지 않으므로 허물이 되지 않는다고 하셨다.

또 다른 비구가 부처님께 여쭈었다. "아라한과를 얻을 만한 큰 복을 지닌 자가 어찌 눈병을 얻어 봉사가 되었는지 궁금합니다." 세존께서 짝구팔라 비구의 전생에 대해서 말씀하셨다. 전생에 의사였는데, 어떤 여인이 안질을 크게 얻어 앞이 거의 보이지 않자, 의사 선생한테 말하기를 자신의 눈병을 고쳐 주면 자신과 자신의 아들딸들까지 선생님의 노예로서 살게 하겠다고 맹세했다. 의사가 들으니, 흡족한 생각이 들어 부지런히 치료하여 두 달 가량에 거의 나았는데, 그 여인은 자꾸만 잘 안 보인다고 둘러댔다. 눈은 나았지만 자신과 자신의 아들딸까지 의사의 노예로 종사해야 하는 어처구니없는 현실에 두려움이 느껴졌기 때문이다. 그러나 그러한 속임수에 넘어갈 의사가 아니었기에, 이번에는 눈을 아주 못 쓰게 하는 강한 약을 처방하여 영영 봉사로 만들고 말았다. 그러한 인과로 좋은 일을 한 과보로 부잣집에 태어났고, 또한 나쁜 과보로 눈병을 얻어 여러 생에 봉사가 되는 과보를 받았다. 하지만, 이제 아라한과를 얻어 두 번 다시 어떠한 윤회의 과보도 모두 쉬게 되었다 하셨다.

법왕法王이신 부처님께서 이렇게 인과응보因果應報를 정확하게 밝히시고, 왕이 칙령을 내려 옥새로 결인結印하듯이 아래의 게송을 읊으셨다.

> 모든 것은 마음이 앞서가고
> 마음이 이끌어 가고
> 마음으로 이루어진다.
> 나쁜 마음으로 말하고 행동하면
> 괴로움이 저절로 따르리라.
> 수레바퀴가 황소의 발자국을 따르듯이.

묘행무주 妙行無住

大地山河毘盧体　　대지산하비로체
蠢動含靈觀音化　　준동함영관음화
一月星辰衆生心　　일월성진중생심
無邊虛空長山心　　무변허공장산심

산하대지는 비로자나 부처님의 몸이요,
꿈틀거리는 작은 생명체들은 관세음보살의 교화 대상이다.
일월성진은 중생들의 마음이요,
가없는 허공은 장산의 마음이로다.

『금강경』 제4장에 보면 '묘행무주분'이란 제목이 있다. 즉, 아름다운 행동은 어디에도 집착하거나 조건을 붙이지 않는다는 말이다. 내가 이것을 하면 무엇을 내게 해달라는 조건이 붙지 않는 경우에는 참으로 진실하고 아름다운 행이 되는 것이다. 부모가 자식에게 베푸는 것은 대개 조건 없는 사랑이다.

그렇지만 보통의 일상생활에서 조건 없는 사랑을, 조건 없는 노동이나 헌신을 베풀기란 어렵다. 자원봉사자들은 그런 '묘행무주'를 실천하는 사람들이라고 보아도 무방하다.『금강경』내용을 보면,

> 수보리여! 보살(불교수행의 이상적인 인격 소유자)은 마땅히 그 어디에도 집착하는 바 없이 보시해야 하나니, 이른바 모양에 얽매임 없이 보시해야 하며, 소리나 냄새나 맛이나 감촉이나 생각에 얽매임 없이 보시해야 하느니라.
>
> 수보리여! 보살은 마땅히 이와 같이 보시하여 어떠한 상相에도 집착하지 말아야 하느니라. 무슨 까닭인가? 만약 보살이 상에 집착하지 않고 보시를 하면 그 복덕이 가히 헤아릴 수 없이 크기 때문이니라.
>
> 수보리여, 그대는 어떻게 생각하느냐? 동방 허공의 크기를 헤아릴 수 있겠느냐?
>
> 헤아릴 수 없습니다, 세존이시여.
>
> 그렇다면 수보리여, 남방, 서방, 북방 등의 허공과 동남, 서남, 동북, 서북쪽과 위, 아래 허공의 크기를 헤아릴 수 있겠느냐?
>
> 헤아릴 수 없습니다, 세존이시여.
>
> 수보리여, 보살이 상에 집착함이 없이 베푸는 무주상보시無住相布施의 복덕 또한 이와 같아서, 가히 헤아릴 수가 없느니라. 그러므로 수보리여, 보살은 마땅히 지금 내가 가르쳐 준 대로 마음을 유지하여야 하느니라.

그럼, 상相이란 무엇인가? 부처님께서는 이 상에 집착하지 않으면

보리심을 개발하여 위없는 깨달음인 아뇩다라삼막삼보리를 성취할 수 있다고 하셨다. 옛이야기를 들어보자.

당나라 때 우두선종牛頭禪宗의 승려인 무착無着문희(820~900) 선사는 출가한 지 17년이 되었으나 견성見性을 하지 못하자, 문수 보살을 친견하여 깨우침을 얻겠다는 원을 세웠다. 무착 스님은 문수 보살의 진신眞身을 친견하기 위해 남쪽 항주에서부터 북쪽의 오대산五臺山까지 걸음을 옮길 때마다 절을 하면서 갔다. 마침내 오대산 금강굴金剛窟 부근에 이르렀을 때 한 노인이 소를 거꾸로 타고 오다가 말을 걸었다. "자네는 어떤 사람인데 무엇하러 이 깊은 산중에 앉아 있는가?" "예, 문수 보살님을 친견하러 왔습니다. 문수 보살님을 가히 친견할 수 있을까요?" 말끝에 노인은 그 순간과는 전혀 어울리지 않는 질문을 던졌다. "자네 밥 먹었는가?" "아직 안 먹었습니다." "순 생짜로군." 그리고는 소를 타고 가 버리는 것이었다. 무착 선사는 노인이 범상치 않은 분임을 알고 뒤를 따랐다. 얼마쯤 가니 금색이 휘황찬란한 사찰이 나타났다. "균제均提야!" 노인이 시자를 부르자, 시자는 황급히 나와 소를 받아 매었다. 잠시 뒤에 차가 나왔는데 찻잔이 모두 보석으로 만들어졌고, 차를 마시니 몸과 마음이 형언키 어려울 정도로 상쾌했다.

'세상에 이런 절에 이런 차가 있다니!' 혼자 감탄을 금치 못하고 있는데, 노인이 또 물었다. "자네 어디서 왔는가?" "남방에서 왔습니다." 노인은 찻잔을 들고 차를 음미하며 다시 물었다. "남방에도 이런 물건이 있는가?" "없습니다." "이런 물건이 없다면 무엇으로 차를 마시는가?" 이런저런 이야기를 나누는 동안 날은 저물어 갔고, 노인의 곁에 있는 것만으로도 그지없는 평온함을 느껴 하룻밤 자고 가기를 청했다. 그러나 노인은 단호하게 말했다. "상이 있는 자는 여기서 잘 수 없다." "저는 출가한 스님이라 상이 없습니다." 그러자 노인은 씩 웃으며 불렀다. "스님." "예." "출가한 지 몇 년이나 되었는고?" "17년이 되었습니다." 노인은 또 물었다. "자네 계戒를 잘 지키는가?" "예, 출가한 이래로 지금까지 잘 지키고 있습니다." "그것이 상이 아니고 무엇인가? 자네는 여기서 잘 수 없네." 노인은 시자인 균제를 시켜 무착 선사를 배웅하게 하였고, 이렇게 문수 보살을 오대산에서 친견한 무착 선사는 오래지 않아 돌아온 뒤 열심히 정진하여 대도를 성취하였다.

무착 선사가 "상이 없다."라고 하자, 노인의 모습을 띤 문수 보살은 "스님!" 하며 불렀고 출가년도를 묻고, 계율을 잘 지키는지 물었다. 무착 선사는 출가한 지 17년, 출가 이래로 계율을 잘 지킨다고 하였다. 그러자 노인은 바로 그것이 '상'이라며 재워 주지 않았다.

'내가 스님이다. 내가 무엇이다. 또 몇 년간 중노릇 했다. 몇 년간 종사한 고참이다. 계율을 잘 지킨다.' 등등이 다 상이다. '내가', '누구에게', '무엇을 해 준다' 이 셋 중에 하나만 남아 있어도 상에 집착하는 모습이다. 그래서 '관삼륜청정觀三輪淸淨'하라고 가르친다.

'내가', '무엇을', '누구에게 해 준다' 이 세 가지에 아무런 집착심을 내지 않을 때 복덕이 무량하여 허공과 같다 하며, 그렇게 깨달아 행하면 보살의 행원을 성취하여 궁극에는 아뇩다라삼막삼보리를 성취하여 부처를 이루는 경지에 이른다 할 것이다.

그러나 보통의 사람이라면 모두 다 상에 머물러 보시를 행한다. 상에 머물러 보시하는 공덕도 작은 복덕을 가져다준다. 그러나 대도를 깨닫기에는 역부족이며 큰 공덕을 이루어 해탈자재의 경지에 오르기는 더구나 어렵다.

적성에 맞는 것을 찾는다

세계적인 땅콩 생산지인 미국의 앨라배마 주의 한 소도시에 세워진 비석에는 다음과 같은 글귀가 쓰여 있다고 한다. "우리는 목화를 갉아 먹었던 벌레에게 깊은 감사를 표한다. 이 벌레는 우리에게 번영의 계기를 줬고 하면 된다는 신념을 줬다. 목화벌레들이여! 다시 한 번 그대들의 노고에 감사한다."라는 문구다.

본래 앨라배마 주는 목화가 주요 생산품이었는데 1895년 목화벌레 떼들의 극성으로 기근과 실직의 큰 고통을 겪게 됐고, 주민들은 이 재앙을 이기기 위해 대대로 농사지어 온 목화 대신에 콩, 감자, 옥수수, 땅콩을 재배하게 됐다.

그런데 놀라운 사실은 목화나 다른 작물을 심었을 때보다 땅콩 수확이 엄청나서 오늘날 세계적인 땅콩 생산지로 발돋움하게 됐다. 그곳의 토질은 목화보다는 땅콩을 생산하는 데 더 잘 맞았던 것이다. 우리의 두뇌는 위기가 닥쳐야 특별한 비상회로가 작동하기 시작한다.

스트레스를 받지 않는 것보다 적당한 스트레스는 삶에 있어야 신선한 충격이 되어 보다 건강하고 훌륭한 삶을 영위할 수 있게 해 준다. 미국의 부자들을 조사한 랜들 존스도 동일한 결론을 내린다. 부자가 되려고 하면 부자가 안 된다. 부처님은 깨달음을 추구하는 공부는 깨달음에서 멀어진다고 한다. 그러나 불자는 누구나 깨달음을 추구해야 한다.

돈을 버는 것도 마찬가지로 돈에 집착하지 않으면서도 그것을 기획하고 디자인하고 방향을 설정해야 결과가 온다. 살다 보면 돈이 늘어날 때도 있고 줄어들 때도 있다. 돈이 늘고 재산이 늘어나면 얼마나 좋겠는가! 그러나 재산이 늘어날 때 재산에 집착하여 악착같이 축적하다 보면 문득 재앙이 닥친다.

재산이 늘어날 때는 어둡고 힘들고 고통받는 중생들을 위해 회향할 때임을 모르고 모으기만 하는 사람은 단명하여 목숨을 잃게 되든지 아니면 집안에 여러 가지 시끄러운 일이 생겨서 몸과 마음이 함께 편치 않을 수 있다. 또 돈이 줄어들면 누구나 기가 죽고 우울하고 행복하지 않다. 좋은 기회가 와도 우울한 감정으로 세상을 대하다 보니 좋은 기회를 잡기가 어렵다. 돈이 늘어날 때나 돈이 줄어들 때도 흔들리지 않고 담담하게 세상을 관찰하는 능력을 어떻게 기를 수 있을까? 법당에서 철야 정진을 하고 100일, 천일기도를 드려도 물질에 흔들리는 마음으로는 큰 부자가 될 수 없다.

부처님 말씀은 인과응보因果應報라 전생이나 금생에 남을 위해 헌신하고 봉사한 사람이 부자가 되거나 훌륭한 삶을 살 수 있다는 것이다. 부자보다는 마음의 평정을 얻은 훌륭한 수행자가 되는 것이 출가자나 재가자가 취해야 할 불자의 길이라고 본다. 『화엄경』에는 "심외무법心外無法 신외무물身外無物"이라 한다. 즉 마음 밖에 진리가 없으며 내 몸보다 더 귀중한 물건은 이 세상 어디에도 없다는 뜻이다. 그러니 건강한 몸으로 수행을 잘하는 사람이 돈이 많고 적고 간에 가장 훌륭한 삶이 되겠다.

바르도 Bardo

   티베트인들은 죽어 저승 가는 길을 '바르도 퇴돌Bardo Toedol' 이라 부른다. '바르도' 란 '여기서 저기' 라는 둘 사이 간격을 말한다. 그러니까 바르도란 '다리', 즉 이것과 저것을 연결하는 다리란 뜻도 있다. '퇴돌' 이란 가르침을 듣고 자유로워진다. 해탈한다라는 뜻이다.
   여기서 바르도 퇴돌의 주서적은 『사자死者의 서書』이다. 여기서 저 다리를 건너면 저승이다. 이승과 저승은 완전히 다르다. 우리는 죽음 이후에 3개의 바르도를 건너야 한다고 한다. 그 첫 번째는 죽음 직후에 온다. 저승의 문턱을 넘은 영혼은 자신의 육신(색신)으로부터 분리된 것을 알지 못한다. 이때 우주의 근원으로부터 흰빛이 비쳐 오는데, 이 빛을 감지하고 온전히 그 빛 속에 머물면 해탈자재에 이른다 한다. 육신으로 있을 때 수행해서 해탈할 수 있지만 죽음 뒤에도 해탈의 기회는 있는 것이다. 죽음의 순간에 정신을 잃지 않고 그 흰 광명을 의식하고 그 빛을 수용하면, 즉 법신의 광명을 수용하면 해탈자

재인이 된다. 그러나 대부분의 사람들은 죽음의 순간, 의식을 잃거나 수면이나 트랜스trance 상태에 있기 때문에 그것(빛)을 감지하지 못한다. 어렴풋이 감지하더라도 미처 깨닫지 못하고 흘러간다.

　첫 번째 바르도를 넘어가면 두 번째 바르도(건널목의 다리, 장르)로 넘어간다. 이 두 번째 바르도에서는 생전에 그가 생각하고 행동했던 업들이 영화관의 영화처럼 눈앞에 펼쳐지고 자신이 생전에 경험한 이야기들이 생생하게 펼쳐지고 또 그렇게 삶의 희망을 꿈꾼다. 하지만 모든 사람들은 그것(중생들의 삶)이 허상인 줄 모르고 그러한 미망에 빠진 생전의 삶을 그리워하게 된다.『사자死者의 서書』에서는 이때 정신을 똑바로 차리고 그런 영상들이 허상임을 깨우치면 곧 해탈을 얻는다 한다. 물질세계가 실상인 줄 알고 살던 인간들이 그것이 신기루처럼 허망한 것인 줄 알지 못한다. 오히려 자신의 관념에 사로잡혀 더욱더 생전의 삶에 미련을 떨치지 못한다.

　그리고 다시 육체를 가지려는 강한 욕망에 사로잡혀 마침내 세 번째 바르도에 이르게 되니, 바로 '환생의 바르도'다. 그래서 자신이 지어 놓은 선과 악업에 따라 지옥중생이 되기도 하고 인간으로 태어나기도 한다. 인간으로 태어나도 복력의 차이에 따라 여러 등급의 인간이 된다. 인격은 평등하나 복력은 차등이 있다. 그것이 바로 공이요, 연기의 법칙이다. 만인이 평등하나 사는 것은 차등이 있는 것이다.

　이렇게 해서 '사자死者의 바르도 3단계'를 살펴보았다. 그러나 산 사람도 3단계의 바르도가 있다. 첫째는 태어나서 죽을 때까지의 인생여정이 그 첫 번째 바르도요, 그러니 장주의 '호접지몽胡蝶之夢'과 같은 것이다. 삶의 현장을 실제로 생각하지만 지난 세월을 돌이켜보면 그것은 한낱 꿈과 같은 것이다. 꿈을 어떻게 잘 꾸느냐가 문제다. 악몽도 길몽도 모두 다 자신이 선택한 일이다. 둘째는 일상의 수면에서 꾸는 꿈이다. 우리가 잘 때 영혼이 다른 세계로 여행하고 새벽에 다시 우리 몸속으로 되돌아오는 것이니, 그 또한 저승의 다리를 건너서 다른 차원의 세계로 가는 것과 별 차이가 없다. 이런 이유로 경전 공부와 좋은 지식을 많이 함양해서 길몽을 꾸도록 노력하는 것도 좋다. 그리고 꿈을 분석해 보고 새로운 진로를 선택하고 개척할 수도 있다. 매일매일 꾸는 것이 아니지만 '꿈 일기장'을 만들어 자신을 관찰하여 나쁜 습관은 고치고 장점을 더욱 노력해서 개발할 수 있다.

삶의 세 번째 바르도는 '명상'이다. 스님들이 하는 '좌선'이라 해도 좋다. 꿈은 잠잘 때 영혼의 여행이라면, 명상은 깨어 있는 의식으로써의 영혼의 여행인 것이다. 명상을 중요하게 여기는 이유는, 우선 복잡한 마음을 평온하게 정리해 줄 뿐더러 깊은 침묵 속에서 자기 자신의 진실한 면목을 깨닫게 해 주기 때문이다. 불교에서는 좌선을 통한 선정이라 하는데 그것은 제1선정천, 제2, 제3, 제4선정천을 통과하면 완전한 깨달음에 이르러 해탈자재인이 된다 한다.

이처럼 바르도는 우리 영혼의 주인공 문제와 직결되어 있다. 육신은 이승을 떠날 때 벗어두고 가면 그만이지만 이승이나 저승에서 늘 주인공으로 남아 있는 것이다. 그러므로 바르도는 영혼이 건너야 할 단계적 다리이다.

지혜의 안목으로 높은 단계의 바르도를 행할지, 어리석음으로 낮은 단계의 바르도를 행할지는 각자의 노력 여하에 있다 할 것이다. 대승경전을 보고 그 뜻을 알고 수행에 매진할 일이다. 이 세상의 부귀와 권세는 한 바탕의 꿈속 일일 수밖에, 부처님처럼 적멸궁에 장엄해 계시려면, 반야의 투철한 지혜로써 공성空性을 깨우치는 것이다.

四大各離如夢中 사대각리여몽중

六塵心識本來空　　육진심식본래공
欲識佛祖回光處　　욕식불조회광처
日落西山月出東　　일락서산월출동

사대가 흩어지는 것이 꿈과 같고
육진심식이 본래로 공한 것이다.
불조가 빛을 돌이킨 곳을 알고자 하는가.
서산에 해 지고 동쪽에 달 떠오른다.

참선參禪과 명상冥想

菩提本無樹 보리본무수　　明鏡亦非臺 명경역비대
本來無一物 본래무일물　　何處惹塵埃 하처야진애

깨달음에 본래 나무(실체)가 없고 밝은 마음 또한 실체가 없다.
본래 한 물건도 있지 않거늘 어느 곳에 번뇌가 깃들 수 있을까.

―육조혜능六祖慧能

　기도와 정근, 염불과 다라니 주력과 함께 참선은 불교의 전통적 수행방법이다. 부처님이 보리수나무 아래에서 깊은 통찰을 통해 깨달음을 완성하여 대해탈을 성취한 과정은 참선 수행의 결과였다.
　요즘 일반인들이 명상(meditation)을 통하여 마음의 안정을 찾고 정신적·육체적 건강을 되찾는 프로그램이 많이 유행하고 있다. 하지만 불교의 참선은 해탈과 열반을 목적으로 하는 데 비해 일반 명상

프로그램은 마음 치유를 중요시하고 있다. 그러므로 자기 내면을 성찰하고 마음의 고요와 평화를 추구한다는 점에서 명상은 참선과 매우 가깝다고 할 수 있다. 그러한 명상을 통해 보다 깊이 있는 내면 관찰을 위해 불교의 참선 공부에 입문하기도 한다.

불자들 가운데는 사찰에서 가르치는 참선에 깊은 선열禪悅을 느끼지 못하고, 시중에서 가르치는 명상 프로그램에 더 깊은 의미를 맛보았다는 사람도 더러 있다. 어떤 경우에는 일부 스님과 불자들이 멀리 미얀마나 태국불교의 명상센터로 수행 유학을 떠나기도 한다. 한국불교의 참선 수행 진행과정에 무엇이 문제인가를 극명하게 보여 주는 사례이다.

한국불교는 전통적으로 명상과 참선에 관한 한 종가임을 자부해 왔고, 관련 서적이 수백 권이나 된다. 세상의 어떤 종교도 불교만큼 명상을 통한 마음의 안정과 지혜를 강조하는 종교는 없다. 한국불교의 간화선과 대승선의 독특한 수행체계도 현시대의 사람들에게는 접근하기가 쉽지 않는 무언가가 있다는 것인데 근본적인 문제보다는 방법적인 기술이 부족한 것이 여실히 드러나고 있다.

4차 산업혁명의 눈부신 발전이 오히려 인간들을 힘들게 하고 고독하게 하고 있지는 않은지…. 명상이 산업화되는 현시대에 도심 곳곳에 명상문화센터가 문을 열고 있다. 이런 시대적 흐름에 부응하여 불교의 명상을 어떻게 사용하고 활용할지를 살펴보고자 한다. 명상 혹은 참선을 4단계로 나누어 살펴보자.

1. 치유명상治癒冥想

치유에는 육체적 치유와 마음의 치유로 나눌 수 있다. 오장육부의 육체병을 스스로 관찰하여 내공內攻의 힘을 길러서 치유하는 방법이 있고, 정신적 병은 희로애락비경공喜怒哀樂悲驚恐의 마음작용을 세밀히 분석하고 관찰하여 모든 성품의 작용이 공성空性에 의지함을 깨달아서 스스로 심기일전心機一轉하여 슬프고 분하고 놀라고 하는 트라우마들이 깨끗이 사라지는 현상을 관찰하게 되는 명상단계이다.

2. 해법명상解法冥想

일상생활에서 일어나는 잡다한 일 중에서도 잘 해결되지 않는 고민과 문제점들이 있다. 이것을 가지고 계속적이고 반복적으로 깊은 명상에서 질문을 던지는 것이다. 필자의 경우는 어떤 난해한 문제점을 3년간 계속 반복적으로 스스로에게 질문을 던진 바 드디어 그 해결의 지혜를 얻어 여러 날 기뻐한 적이 있다.

3. 기공명상氣功冥想

기체조를 하는 외공과 고요히 좌선하는 내공을 겸비하여 인체의 혈과 기를 원활하게 순환시켜서 마음이 편안하고 신체적 기운이 활기차고 생명력이 왕성하여 에너지가 넘치도록 이끄는 명상이다.

4. 공성명상空性冥想

대자연을 명상하고, 우주적 관점에서 넓고 광대무변하며 깊은 명상으로 하루 이틀 혹은 일주일이나 그 이상 한 달, 일 년으로 지속적인 수련으로 삼매(무아의 경지)를 체험하는 명상이다. 이익과 손해, 출세와 탈락, 사랑과 미움, 칭찬과 비방, 고통과 쾌락의 정신세계에 부침하여 흔들리지 않고, 굳건하고 깊은 심층명상을 체험함으로써 삶과 죽음의 경계도 뛰어넘는 공성명상 혹은 참선이라 할 수 있다.

이러한 경지를 무생법인無生法忍*이라 하며, 곧 삶과 죽음이 현상계로서는 있지만 궁극적 깨달음에는 생사일여生死一如하고 오매일여寤寐一如하게 되면, 노동과 휴식이 동일선상에서 관찰되듯이, 삶과 죽음이 동일선상에서 관찰되어, 육체의 죽음이 와도 진실로 죽음이 아니라는 것을 깨닫게 된다. 진리의 궁극적 깨달음을 성취하여 아라한, 혹은 대성인인 벽지불이 된다 하며, 그러한 경지의 명상과 선정禪定을 특별히 멸진정滅盡定이라 한다. 이 멸진정에서 한 차원 더 올라가야 비로소 삼계를 벗어난 대해탈 대자유인인 부처님이 되시는 것이다. 백천삼매를 이룰 수 있고, 불가사의한 신통을 일으킬 수 있으며, 인연 따라 일체 중생을 제도하는 대성인이 된다고 한다.

※ 무생법인無生法忍: 아라한 이상의 경지에서 삶과 죽음이 없는 세계를 깨달아 아는 성인의 경지.

내 삶의 지도地圖는 스스로 살필 줄 알라

嶺雲起處眠猶熟　　영운기처면유숙
山鳥啼時耳亦虛　　산조제시이역허
獨坐蓼蓼當白月　　독좌요요당백월
不知松露檎襟裾　　부지송로적금거

산마루 구름 이는 곳에 잠은 아직도 깊은데,
산새 시끄러이 울어도 귀는 역시 비었구나.
고요히 홀로 앉아 흰 달빛(밝은 달빛)을 대하니
소나무 이슬에 소매 적시는 줄 모르네.

인생의 섭리에 나타나는 3가지는 지분知分, 지지知止, 지족知足이다. 스스로의 분수를 알고(네 자신을 알라) 충동과 욕망의 삶속에서 되돌아 점검해 보고 이쯤에 그칠 줄을 알아야 하고, 지금 현재의 생활에서 끝없는 불평불만을 쉬고 소소한 즐거움을 가지고서도 만족할 줄 알아야 삶이 풍요로워진다. 인생의 시행착오는 자기 분수를 모르고 과욕을 부리는 데서 오기도 한다. 과욕을 부리는 것을 '적극적'이라고 착각하고 분수를 지키고 수분안정守分安靜하는 것을 '소극적'인 태도로 평가절하하는 시대적 착오로 인하여 인생을 패가망신하는 경우가 있다.

때를 아는 사람을 '철들었다' 하고 때를 알지 못하는 사람을 나이 70~80이라도 '철부지'라 한다. 『능엄경』에서도 열심히 정진하다가도 가끔은 쉴 때를 아는 것이 참다운 수행자라 한다. 쉴 때를 아는 것, 일할 때를 아는 것, 물러설 줄을 아는 것, 앞으로 전진하고 이익을 챙기기도 하고 베풀 줄도 아는 것, 이것을 현대용어로 '타이밍'이라 한다.

침묵할 때와 말할 때를 아는 것은 참으로 쉬운 일이 아니다. 운運이 나쁠 땐 가만히 안정하고 밖으로 많이 돌아다니면 안 된다. 직장이라면 외근을 줄이고 내근에 치중해야 한다. 컨디션이 안 좋을 때는 길에서도 자기를 헐뜯고 해치는 사람을 만나기 일쑤고, 컨디션이 좋을 땐 만나는 사람마다 반기고 일을 도와준다. 자기가 잘나서 인기가 좋은 게 아니라 과거에 선행을 쌓아 놓은 결과임을 알아야 하고 앞으로도 계속 선행을 쌓아야 하리라.

"산진수궁의무로山盡水窮疑無路." 때때로 인생에서 외통수에 걸리는 경우가 있다. 산이 막히고 물길이 끊어져서 앞길이 안 보이는 상황이다. 이때 자살을 염두에 두는 사람이 많다. 우리나라는 OECD 참가국에서 명예롭게(?)도 자살 1위국이다. 누구든지 '죽어 버릴까' 하는 생각이 들 때가 있다. 이렇게 인생을 끝내 버리는 것이 편할 것 같다는 생각이 자꾸 든다. 필자도 열 번 이상 수십 번 그런 생각을 한 적이 있고, 기찻길에 뛰어 몸을 던진 적도 있다. 기왕 죽을 바에 남은 되는데 나는 왜 안 되는지? 신불神佛에 따져 봐야지 하는 심정으로 기도에 임했다. 불교를 믿지 않는다면 산천에, 자연에 한번 기도해 볼 일이다.

어디에서 기도할 것인가? 기도처를 물색해야 한다. 자신에게 맞고 인연 있는 터를 사색해 보아야 한다. 기도는 죽자 살자 하는 간절한 마음도 중요하지만 그다음으로 자기의 기도 인연터를 살필 줄 알아야 한다. 남이 좋다 하는 장소도 괜찮겠지만 특별히 자신이 생각하고 이끌리는 장소가 있을 것이다. 인간의 마음과 산천山川의 영기靈氣가 상통해졌을 때 영광의 외통수 탈출이 가능하기 때문이다. 역사의 영웅호걸들이 대부분 죽음의 외통수에서 탈출한 위인들이 많다. 우리 나라에는 5대 보궁과 3대 관음기도터와 3대 지장기도처 등 많은 기도처가 있다. 5대 보궁은 설악산 봉정암과 오대산 적멸보궁, 강원도 영월에 있는 사자산 법흥사와 갈재 정암사와 양산 통도사의 적멸보궁이 있다. 신라 말 자장 율사께서 중국 오대산에서 기도하던 중 가피력으로 공중에서 석가모니 진신사리를 수여받아서 천 년 이후의 일을 알아서 모두 남한 일대의 오대보궁에 진신사리를 봉안하였으니 대도인大道人의 선견지명이 천 년의 미래를 꿰뚫었다 하겠다.

기도의 5단계 설이 있다.

첫째는 갈구하는 단계이다. 돈 좀 벌게 해 주세요, 불치의 병을 낫게 해 주세요, 공부 잘하게 해 주세요 등 발등에 불똥이 떨어져서 자존심을 버리고 하는 간절한 기도다. 온 정신을 집중할 수밖에 없다. 둘째, 간절한 마음으로 기도하며 귀를 기울인다. 주위의 상황을 살핀다. 나의 인연이 어디로 흘러가는지, 하느님이, 부처님이 나에게 어떤 시련과 진로進路를 가리키고 있는지 귀 기울이고 살피는 기도다.

세 번째는 감사의 기도다. 모든 것에 감사하는 태도다. 병이 들면 든 대로, 가난하면 가난한 대로, 사업이 망했으면 망한 대로 모든 것에 감사하는 기도이다. 넷째는 찬양하는 기도다. 무슨 일이 있어도 신불神佛을 찬양한다. 일상생활 태도가 부처님과 일체의 선신을 찬양하는 태도이며 생활 자체가 기도와 명상으로 일관된다. 다섯째는 무심無心의 상태이다. 일체 세상의 일이나 물질이나 인정에 집착하지 않아서 모든 번뇌의 속박에서 벗어난 도통의 경지이다. 이런 분은 중생의 고통을 들어주기 위한 서원과 원력의 기도력이 있다. 이것은 보살의 행원이며 모든 부처님들의 서원력이다. 석가여래 500대원, 아미타불 48대원, 약사여래 12상원 등이다. 대원력의 화신이며 모든 중생들이 궁극적으로 지향할 방향이다.

지혜로운 삶이 청정범행清淨梵行이다

萬代輪王三界主　만대륜왕삼계주
雙林示滅幾千秋　쌍림시멸기천추
眞身舍利今猶在　진신사리금유재
普使群生禮不休　보사군생예불휴

오랜 세월이 흘러도 중생을 깨우치는 법의 주인이
쌍림(사라쌍수)의 수풀에서 열반을 보인 지가 몇천 년이던가!
진신사리가 오히려 지금에 있어
두루 모든 중생들로 하여금 예배를 그치지 않게 하네.
　　　　　　　　　　　　　─통도사 사리탑 주변에

고산사 절에 처사가 두 분 계시는데, 한 분은 그 불볕더위를 마다 않고 예불기도와 밭에 나가 적당히 풀을 뽑고 고추, 가지, 깻잎 등의 열매와 잎을 수확하며 지낸다. 또 한 분은 폭염에 일하는 것은 옳지 않다 하며 (물론 절에는 에어컨이 없고 선풍기는 있다.) 진종일 선풍기를 틀고 TV 시청만 한다.

스님은 예불기도를 등한히 하지 않을뿐더러 비지땀을 흘리며 호박잎과 호박, 옥수수 등을 채취하며 작은 유기농 농장을 돌본다. 화분에 심긴 화초들에게도 아침저녁으로 물을 주어 그들의 삶에 활기를 불어 넣어 주고자 애쓴다. 그래서 그런지 밥맛도 좋다. 두 분 처사 중에 한 사람은 밥맛이 없다 한다. 물론 방 안에서 선풍기만 사랑하는 사람의 말이다.

얼마 전 어떤 문화원에 A3지로 인쇄를 부탁한 적이 있는데, 인쇄가 잘못되어 다시 인쇄를 한 일이 있다. 먼저 오류로 인쇄된 100장을 파기하려는 것을 스님은 이면지를 쓰기 위해 100장을 낱낱이 접어서 칼로 A4지 크기로 자르는데 구슬땀을 흘리며 한 시간 이상 작업하여 마쳤다. 물론 스님의 행동은 우직하고 비생산적임을 알고 있다. 아는 출판사나 인쇄소에 찾아가서 단번에 절단기로 절단하면 능률적이다. 그러나 스님은 나의 우직하고 성실함을 원망해 본 적이 없다. 60 평생 그렇게 살아왔다.

남들보다 뒤떨어지고 바보스럽기까지 한 인생이지만, 난 앞으로도 크게 변할 것 같지 않다. 내 인생에 있어서는 존재의 의미에 방점을 두고 돈과 권력과 명예는 저절로 생기는 데는 배척하지 않지만, 그것을 인생의 목표라고는 생각하지 않는다. 이러한 내 사고방식이 훌륭하거나 지혜롭다고는 물론 생각하지 않는다.

『화엄경』 제16품이 범행품梵行品이다. 수행자가 지혜롭고 청정한 삶으로 여러 중생들에게 평화와 행복과 이익을 주게 한다는 내용이다. 내 인생에 있어 누구를 사랑하며 어떻게 이웃들과 유대관계를 가져야 하는지를 설명하고 있다. 모든 불행의 시작은 집착에서 벗어나라고 한다. 중생의 삶은 알고 보면 집착에서 시작해서 집착에서 끝난다. 집착하는 이유는 단 하나, 언젠가 다음에는 나의 만족과 즐거움을 위해 사용하려고 저장하는 심리 때문이다. 내 마음을 만족시켜 줄 영원한 그 무엇이 정말 있는 것일까? 존재의 입장에서 영원을 찾아보지만 존재하는 것은 다 사라진다. 사라져 가고 다시 생성하는 법칙만이 영원하다. 제행무상諸行無常, 시생멸법是生滅法, 생멸멸이生滅滅已, 적멸위락寂滅爲樂, 그렇다고 그러한 진리에 입각해서 살아간다고 해도 청정범행이라고 할 수 없다.

현실에 존재하는 모든 것들이 청정하고 진실함을 깨닫는 순간에 그 모든 존재들이 무엇을 어떻게 하든지 간에 스스로 청정함을 깨닫게 된다. 청정범행이란 남에 의해서 오염되거나 청정해지는 것이 아님을 깊이 있게 깨달아야 한다. 물론 그 사실을 자각하지 못하는 이가 하는 행동은 범부 중생들의 미혹한 생각과 행동이지만 똑같은 현실과 상황에서도 모든 이들(사람뿐만 아니라 축생과 나무 한 그루까지도)이 부처의 화신임을 가슴 깊이 느끼고 깨달아 그 어떤 차별이나 분별심이 일어나지 않을 때 그는 바로 십주十住에 오른 사람이 된다. 이렇게 관찰하고 살펴보는 것을 바로 여실관찰如實觀察이라 한다.

나의 청정한 삶을 잘 관찰하면서 드디어 마음에 걸림이 없고, 걸림이 없는 자유로운 행동이 삶의 의미와 시작이 되는 것이다. 이처럼 청정한 삶의 완성은 혼자만 행복해지는 것이 절대 아니다. 모든 생명 있는 존재들과 조화하고 어울려 살아감에 불편부당함이 없이 홀가분하게 이루어진다. 조화와 상생의 길이 열린다. 유정무정의 모든 것들과의 조화와 상생의 길을 가기 위해 수행자는 열 가지 지혜의 힘(십력十力)을 길러야 한다.

- 옳고 그름을 모두 아는 지혜
- 과거, 현재, 미래의 업보를 아는 지혜
- 제선諸禪과 3해탈과 삼매三昧를 아는 지혜
- 불법에 대한 이해도가 높은지 낮은지를 아는 지혜
- 현실의 온갖 것을 꿰뚫어 아는 지혜
- 여러 가지 경계를 아는 지혜
- 죽은 뒤에 어디에 태어나고 어디로 가는지 아는 지혜
- 천안통에 걸림이 없는 지혜
- 과거 전생의 일을 걸림 없이 아는 지혜
- 번뇌(습기)를 영원히 끊어 버릴 수 있는 지혜

이 같은 10가지 수승한 지혜의 힘으로 어렵고 힘든, 불행한 세상에 밝은 등불이 되어 중생을 구원하려는 자비심을 수행자는 지녀야 한다.

『화엄경』에서 정념천자가 출가수행자는 어떻게 사는 것이 청정범행의 삶인지 묻자, 법혜 보살이 부처님을 대신해서 말씀한다. "청정범행을 여실히 관찰하면 처음 발심할 때 아뇩다라삼막삼보리를 얻을 것이며, 일체법이 곧 자성임을 알게 될 것이다. 모든 존재에 대해 대립각對立角을 세우지 말고 평등하게 대하는 청정범행을 하면 반드시 그대들은 지혜의 몸을 성취하게 되리라."

사상四相이 없으면 보살이다

有法者 유법자 我人衆生壽者四法也 아인중생수자사법야
若不除四法 약부제사법 終不得菩提 종부득보리

법이 있다는 것은 아상, 인상, 중생상, 수자상의 4가지 법이다.
만약에 이 4가지 법을 제거하지 못하면, 마침내 큰 깨달음을 얻을 수 없다.

『금강경』에 의하면 사상四相이 없으면 보살이요, 사상四相을 제거하지 못하면 중생이라 하였다. 여기서 사상이란 아상, 인상, 중생상, 수자상을 말한다.

첫째는 '나' 란 생각과 집착, 둘째는 '너 혹은 상대' 란 생각과 분별심, 셋째는 '어리석다, 현명하다' 는 분별심, 넷째는 좋은 음식, 좋은 환경과 물건, 그리고 입지적으로 좋은 것만 추구하고 나쁜 것은 수용하지 않겠다는 이기심과 분별심이다. 이러한 마음을 써서는 결코 깨달음의 세계는 요원한 일이며, 불교가 추구하는 이상적인 인격의 소유자, 즉 '보살'이 될 수 없다고 단언하였다. 세상을 살다 보면 어떤 사람은 행운만 있고 자기 자신은 불리한 조건에 처한 경우가 있는 것 같기도 하다.

- 잘못한 것이 없는데도 '잘못했다'고 꾸짖을 때
- 시키는 대로 열심히 하였는데 결과는 '좋지 않다'고 꾸짖을 때
- 윗사람이 '책임을 진다'라고 하여 마음에 내키지 않은 일을 하고 혼자서 문책을 당할 때
- 둘째, 셋째가 부모님을 모시고 살았는데 상속은 맏이가 많이 가져 갈 때
- 정성을 다해 키워서 결혼을 시켰더니 제 처자식만 밝히고, 부모님의 말은 듣지 않거나 발길을 끊을 때
- 남편이나 자식이 어렵게 성공하여 '이제 좀 살 만하다'라고 기대할 때 갑자기 죽거나 큰 병이 걸렸을 때
- 열심히 노력해도 되는 일이 없을 때
- 남이 고의로 부도를 내었는데 보증을 섰다는 이유로 재산을 몰수 당할 때
- 국가의 법이 갑자기 바뀌어 계획했던 일을 할 수 없게 되거나 큰 손해를 봤을 때
- 남의 모함으로 명예가 훼손되거나 심하면 감옥에 구속되었을 때

또 죽음에 임박하여 멋진 옷 한 번 제대로 입어 보지 못하여 억울하고, 좋은 집에 못 살아 보고, 맛있는 좋은 음식을 마음껏 못 먹어 억울

하다는 이, 가 보고 싶었던 곳에 여행 한 번 못해 보고 죽게 되어 억울하다는 이들도 있다.

대체로 일반인들은 정신적·물질적 여유가 없어 삶에 휘둘리며 사는 것이 현대사회라 할 수 있다. 과감하게 삶의 테두리에서 떨쳐 멀리 떠나고 싶지만, 왠지 모를 불안 때문에 '자발적自發的 빈곤貧困'을 선택하는 사람은 극히 드문 일이다. 그렇게 하면 정신적·정서적으로는 엄청난 풍요로움이 있겠지만. 이렇듯 큰 억울함, 작은 억울함, 자신의 삶에 대한 억울함, 타인으로부터 받게 된 억울함을 가릴 것 없이 억울한 일을 당했다고 느껴지면 그 속에서 원한이나 원망이 일어나면서 속이 답답해지고 정신적으로나 육체적인 병리현상이 생길 수도 있다.

1610년 광해군 2년, 당대의 고승高僧 부휴浮休 대사와 그 제자인 벽암碧巖 선사는 시기 질투하는 어떤 스님의 밀고로 '역적모의'라는 죄명을 쓰고 붙잡혀 지리산에서 한양의 포도청으로 압송되었다. 비록 큰스님이라 할지라도 죄명이 역모였기에 문초 또한 여간 사납지가 않았다.

그러나 이미 생사의 공부를 뛰어넘은 스승과 제자는 그 얼굴에 조금도 억울하다거나 고통스러워하는 기색이 보이지 않았다. 관리가 문초를 하면 조리 정연하면서도 당당한 언변으로 죄 없음을 밝혔고, 옥중에 갇혀 있을 때는 시종일관 가부좌를 하고 깊은 선정에 들어 있었다. 아마 감옥도 참선하는 선원으로 여겼을 법하다. 이를 살펴보던 관리는 생각이 깊어졌다.

"역모죄를 범하면 삼족을 죽인다. 삼족을 멸하는 죄를 지은 자가 저렇게 당당하고 평화로울 수 있을까?"

역모가 무고誣告임을 확신한 관리는 스님의 일거수일투족을 광해

군께 아뢰었고 직접 옥중으로 행차한 왕은 두 스님의 의연한 모습을 보고 깊은 신앙심과 존경심을 일으켜 법문을 청해 들었으며, 산사로 돌아가시는 길에는 많은 귀중한 하사품을 내려 무고를 위로하였다.

평상심시도 平常心是道

青山綠水吾家境 청산녹수오가경　明月淸風孰主張 명월청풍숙주장
公道旅行端正士 공도여행단정사　名利不求養性眞 명리불구양성진

푸른 산 푸른 물은 우리 집 경계이나 밝은 달, 맑은 바람은 누가 주장하는가!

바른 도 깨끗한 행실 단정한 선비는 명예와 이익을 구하지 않고 참된 성품을 기른다.

조주 스님이 젊은 납자(공부하는 스님) 시절에 남전보원 선사에게 정말로 인생을 잘 사는 방법이 무엇인지를 여쭈어 본 적이 있습니다.
"어떤 것이 참 잘 사는 것입니까?"
그러자 남전 화상이
"평상의 마음대로 살면 된다."

즉, 평상심시도平常心是道라는 것이었습니다. 그러나 젊은 조주 스님은 그 뜻을 언뜻 알아채지 못했습니다. 그래서 다시 물었습니다.

"그러면 그 도道는 향하는 바 어떤 목적이 있습니까, 없습니까?"

"도란 그대로가 도다. 향할 바가 있어서 생각을 낸다면 곧 잘못된 것이다."

"생각을 내지 않으면 어떻게 도를 알 수 있습니까?"

"도란 아는 것에도 속하지 않고 모르는 것에도 속하지 않는다(도불속지부지道不屬知不知). 안다는 것은 분별로써 아는 망각妄覺이요, 모른다는 것은 멍청한 무기無記이다. 만일, 참으로 의심이 없는 도에 도달할 것 같으면 허공과 같이 넓고 텅 비어 옳다 그르다는 시비가 모두 사라질 것이다."

이 말을 들은 조주 스님은 언하言下에 큰 깨달음을 얻었다 합니다.

평상심平常心이란 있는 그대로의 마음이지만 그것은 망상이나 분별심하고는 또 다른 것입니다. 망상이나 분별심은 평상심에 파문波文을 일으키는 중생심입니다. 그것으로 인해 우리는 평상심으로 돌아가지 못하고 삽니다. 망상이나 분별심을 평상심으로 착각하는 우리는 중생입니다. 그런 마음으로 멋대로 행동하다 보면 점점 도와는 거리가 멀어지고 평상심과는 거리가 먼 허영과 방종에 빠지게 됩니다. 모든 일을 진행하되 일에 집착함이 없이 공익적公益 시야로 진행하다 보면 평상심에 가까운 호시절의 생활을 영위해 나갈 수 있습니다.

마음이 맑게 개인 허공처럼 본래의 청정한 심경心境이 돼야 한다는 뜻입니다. 이런 경지에 도달하지 못한다면 항상 좋은 시절을 누리기는 어렵습니다. 도를 구한다는 것은 깨끗하고 엄정한 것입니다. 말을 쉽게 이해한다고 해서 평상심을 쉽게 얻을 수 있는 것은 아닙니다. 생활하는 일상의 일이 곧 도인 것은 틀림없지만 분별망상심을 여의지 못한 중생으로서는 알 수 없는 일입니다. 왜 평상심을 깨닫기 어려운지!

대주 선사께 어떤 학인 스님이 이런 질문을 한 적이 있습니다.

"선사께서는 도를 닦을 때 공력을 들이십니까?"

"그래, 공력을 쓰지."

"어떻게 공력을 들이십니까?"

"배고프면 밥 먹고 졸리면 잠을 자지."

"그거야 일반 사람들도 다 그렇게 하지 않습니까?"

"겉모습은 같아도 나와 다르네."

"어떻게 다른지요?"

"나는 밥 먹을 때 다만 밥만 먹고, 잠잘 때는 잠을 자서 육체를 쉬어 주지만, 일반 사람들은 밥 먹을 때 온갖 상상을 먹고, 잠잘 땐 꿈속에서까지 어지러운 생각들로 엉켜 있지."

우리가 평상시에 마음의 평화를 얻지 못하는 것은 욕심과 시비선악의 분별심 때문이라는 것입니다. 시비나 선악은 상대적인 것입니다. 아무리 악인도 내게 잘한 사람은 착해 보이고 동정심이 가고, 아무리 훌륭한 사람도 내게 야박하게 한 사람은 결코 좋게 보일 수 없는 것입니다. 내가 아무리 옳고 착하게 행동해도 상대방이 그르다고 시비하고 욕하면 그 시비에 휩싸일 수밖에 없습니다. 그럼 시비분별에서 초출超出한 사람은 누구일까요?

『대방광불화엄경大方廣佛華嚴經』에 대해서

大方廣佛華嚴經 대방광불화엄경　　龍樹菩薩略纂揭 용수보살약찬게
南無華藏世界海 나무화장세계해　　毘盧遮那眞法身 비로차나진법신

대방광불화엄경을 용수보살께서 간추려 편집한 게송이 있는데,
우주화장세계의 바다의 참 법신인 비로차나 부처님께 귀의합니다.

　『법화경』의 꽃이 연꽃인데 비하여 『화엄경』의 꽃은 잡화雜花입니다. 화엄華嚴의 산스크리트어는 간다뷰하gandavyūa인데, 간다ganda는 잡화라는 뜻이요, 뷰하vyūha는 '꾸며져 있다, 장엄되어 있다, 장식되어 있다' 라는 뜻입니다.
　잡화 속에는 민들레, 개나리, 제비꽃도 있고 무궁화, 장미, 튤립도 연꽃도 국화도 있습니다. 이름을 알 수 없는 숱한 무명초들도 함께 하고 있음이 화엄의 잡화가 조화를 이루고 있습니다.

그 무수한 꽃들 중에서 많은 이들이 사랑하는 연꽃이나 민들레, 엉겅퀴, 할미꽃도 소중하고, 이름 없는 무명초의 잡초에서 피는 꽃들도 다 소중하다는 뜻을 깨우쳐 주고 있는 경전이 바로 『화엄경』입니다. 『화엄경』은 그 모든 꽃들이 모여서 고요한 가운데 크나큰 빛과 조화를 이루고, 모든 꽃들이 통일과 상생의 조화를 이루어 은은한 향기를 뿜어내는 곳이 부처님의 세계요, 대우주 법계의 질서임을 깨우쳐 주는 경입니다.

『대방광불화엄경』의 주제를 한마디로 요약한다면 '온 힘과 정성을 다 바쳐서 살아가고 있는 소중한 꽃들(존재存在)의 아름다운 모임'이라 할 수 있습니다. 혼신의 힘과 정성과 열정을 다 바쳐서 살아가고 있는 모든 꽃들은 시공時空을 넘어서서 언제나 아름답고, 한없이 크고 바르고 넓은 부처님, 대방광불大方廣佛을 장엄하고 있습니다. 또 그 모든 꽃들에게 부처님께서는 대자비와 대지혜의 문을 활짝 열어 놓고 계십니다.

육식肉食에 대해서

　큰 시주의 여인으로서는 부처님 당시 두 보살이 계셨는데, 위사카와 숩삐야이다. 특히 숩삐야 보살은 병든 스님을 위하여 약을 구해 주는 데 으뜸이었다. 『율장대품』에 나오는 이야기로 숩삐야 보살이 절에 들어가서 보니, 어떤 비구승이 중병에 걸려 있는 것을 보고, 무슨 약이 필요한지 묻자, 비구가 영양실조에 걸려 있으니 고깃국을 먹어야 한다고 대답했다.
　그녀는 집으로 돌아와 하인을 시켜 고기를 사려고 했으나, 그날은 정육점이 다 문을 닫아 고기를 살 수 없었다. 그래서 자신의 허벅지 살을 베어 국을 끓여 하인을 시켜서 그 병든 비구에게 보냈다. 남편이 이 사실을 알고 그녀의 신심에 감동하여 다음 날 부처님을 초청해서 공양을 올렸다. 부처님이 그녀를 불러오게 했고, 부처님을 뵙자마자 그녀의 허벅지 상처는 순식간에 아물어 버렸다. 부처님께서 사원으로 돌아와 비록 사람고기인 줄 모르고 먹었지만 무슨 고기인지 살피지 않고 먹은 비구를 꾸중하시고 사람고기는 절대로 먹어서는 안 된다고 율을 정하였다. 그리고 숩삐야 보살의 신심을 극찬하고 세세생생에 부자로 태어나서 행복하게 살 것이라고 칭찬하셨다.

 이를 볼 때, 초기불교에서 육식에 대한 언급은 없었다. 먹으라고도 하지 않았고 먹지 말라고도 하지 않았다. 다만, 사람의 인육을 절대 먹어서는 안 된다고 경고하시고 율에 기록하였다. 중국에 마조 선사 때, 어떤 신도가 스님들이 고기를 먹는 것이 타당한지를 물었다. 마조 선사가 답하시길 먹을 만하면 먹어야지, 고기가 있으면 술도 몇 잔 곁들여 먹는 것이 타당하다 하셨다. 그래서 그 신도가 묻기를 "그러면 생각날 때마다, 스님들도 육식을 하는 것이 타당합니까?"라고 물었다. 마조 선사가 대답하길, "무시로 고기를 취하는 것은 성품을 오염시키는 것이니, 수행자가 삼가야 한다. 수행자라 하더라도, 큰 힘을 쓰고 큰 노동에 임해서 술과 고기는 해롭지 않다. 다만 스스로 판단할 것이지 권할 것은 못 된다." 하셨다. 이로써 볼 때, 스님이나 신도님도 고기 맛에 집착하지 않고 노동력의 대가로 이 육신을 유지하기 위하여 취하는 것은 해롭지 않으나, 맛에 취하여 고깃국을 선호하는 것은 삼갈 일이다.

4

부처님 품안의 행복

대기설법 對機說法
―상대방의 수준에 맞게 진리를 말하다

恰恰用心時 흡흡용심시 恰恰無心用 흡흡무심용
曲談名相勞 곡담명상노 直說無繁重 직설무번중
無心恰恰用 무심흡흡용 常用恰恰無 상용흡흡무
今說無心處 금설무심처 不與有心殊 불여유심수

적절히 마음을 쓰려 할 때는, 적절히 무심을 쓰라.
자세한 말은 명상을 피곤하게 하고 바로 말하면 번거로움이 없나니,
무심을 적절히 쓰면, 항상 쓴 대로 적절히 무심하리.
그러기에 이제 무심을 말하여도 유심과 전혀 다르지 않게 되느니라.

―우두법융 牛頭法融(594~657) 선사

10월의 맑은 밤하늘에 그리운 임처럼 보름달이 허공에 둥실 떠 있다. 이용의 '잊혀진 계절'에 나오는 절절한 사연을 시월의 보름달은

간직하고 있는 것인가!

 옛날 어느 나라의 어린 공주가 달을 갖고 싶다고 아버지 임금에게 조른다. 임금과 대신들은 깊은 고민에 빠졌다. 하늘의 달을 무슨 수로 따다 줄 수 있겠는가? "공주님, 달은 너무 커서 따올 수도 없고 너무 멀어서 갈 수가 없답니다." 하고 간곡하게 사정을 말했지만, 어린 공주는 그것을 알지 못하고 눈앞에 둥실 떠 있는 보름달을 한사코 따오라고 조르는 것이었다.

 그 이야기를 전해들은 어릿광대가 나섰다. 공주님의 꿈을 이루어 드리겠다고. "공주님, 달이 갖고 싶다는 말씀이지요. 달은 어떻게 생겼나요?" "동그랗게 생겼지." "얼마나 큰가요?" "바보, 그것도 몰라? 달은 내 엄지손톱보다 조금 크지. 손톱으로 거의 가려지잖아." "무슨 색깔인가요?" "옅은 황금빛이 나지." 그는 황금빛 달 목걸이를 만들어 공주의 목에 걸어 주었다. 어린 공주는 대단히 기뻐했고 궁중의 대신들도 해결하지 못한 고민은 즉시 해결되었다.

 우리는 모든 문제를 흔히 상대방의 입장入場에서 경청하고 이해하려는 노력보다는 자기의 사고방식으로 해석하고 판단하는 것에 익숙하다. 어릿광대의 경청과 질문이 어린 공주의 갈망과 소원을 해소해 주었듯이, 소통과 공감은 상대방의 감정을 느껴 주고 사상을 이해하고 공감해 주고 원하는 것이 무엇인지 핵심을 파악해 물어봐 주고 거기에 초점을 맞춰 주는 것에서부터 시작된다.

 상대방을 이해하고 소통하는 데 도움이 되는 간단한 상담 방법을 살펴보자.

 첫째, 공감과 지지 단계로 상대방의 이야기를 충분히 들어주고 공감해 주는 것이다.

 둘째, 무엇이 문제인지, 현재 고통의 원인이 무엇인지를 들어보고 내용의 줄거리를 요약해 거울처럼 되돌려 주는 것이다.

셋째, "무엇을 원하죠?" "어떻게 하면 좋을까요?" 하고 단도직입적으로 질문을 던지는 것이다. 상대의 처지와 눈높이로 내재되어 있는 해답을 톡톡 두들겨 끄집어내 준 광대처럼 시원하게 해결하는 법이다.

"대저 법(진리)을 설하는 자는 모름지기 시기時期(타이밍)를 맞추고 근기根機(상대방의 이해나 지혜의 수준)를 잘 살펴서 병에 따라 약을 써야 한다." 응병여약應病與藥은 성인의 지혜로운 말씀이 절실히 다가온다.

참고로 설법에는 위의설법威儀說法, 유행설법遊行說法, 차제설법次第說法, 대기설법對機說法, 비유설법譬喩說法 등이 있다.

중도中道와 연기緣起

　흔히 중도中道라 하면 중간이 아니겠냐 하지만 그것은 불교의 중도를 말하는 것이 아니다. 중도라 함은 사랑과 미움, 이익과 손해, 생과 멸, 고통과 쾌락, 시와 비의 모순된 대립의 양변이 생멸을 초월하여 서로 융화하고 생성하고 멸하고 있음을 깨닫는 것을 말한다. 양변을 버리면 모순되는 두 세계를 다 포용하고 비추게 된다(쌍조이제雙照二諦). 비춘다는 것은 서로 통한다는 이야기다. 우리는 그것을 둘 아닌 법문이라 한다(불이법문不二法門). 선과 악이 둘이 아니요, 사랑과 미움이 둘이 아니요, 옳고 그름이 둘이 아니듯이 나아가 불생불멸不生不滅의 중도이며 공空의 사상에 도달한다.

　자연계는 에너지와 질량이 있는데 고전물리학에서는 각각 분리해 보았는데, 아인슈타인의 등가원리等價原理에서는 에너지가 곧 질량이고 질량이 곧 에너지여서 서로 같다($E=mc^2$)는 것은 현대 물리학에서는 엄연한 사실이다. 질량이 에너지로 전환되는 첫 실험은 바로 원자탄(핵분열), 수소탄(핵융합) 기술이다. 결국, 자연계를 구성하는 근본요소인 에너지와 질량은 불생불멸하고 부증불감이며 따라서 우주는 영원토록 상주불멸이다(질량불변의 법칙).

본래 4차원 세계라는 것은 아인슈타인의 상대성 이론에서 나온 것인데, 민코프스키(H. Minkowski, 러시아 출신)라는 수학자가 4차원 세계의 공식을 완성하여 그 이론을 수학적으로 증명해 놓고 첫 강연에서 다음과 같이 말했다. "앞으로 시간과 공간은 그림자 속에 숨어 버리고 시간과 공간이 융합하는 세계가 온다."

부처님께서 새벽별(금성, 계명성)을 보고 6년간의 고행을 끝내고 성도하셨을 때(정각을 이루었다.) 양변을 떠나고 가운데(중)도 머물지 아니하는 중도제일의제中道第一義諦를 터득하셨다.

성철 스님은 말씀하셨다. "불교보다 더 나은 진리가 있다면 나는 언제든지 불교를 버릴 용의가 있다. 나는 진리(인간이 인간답게 사는 훌륭한 삶)를 위해서 불교를 선택한 것이지 불교를 위해 진리를 바친 것이 아니다." 하였다. 그 진리란 바로 중도 사상이다.

참선의 3단계
1. 동정일여動靜一如: 행주좌와에서 주인공을 챙기는 것(초지初地 보살)
2. 오매일여寤寐一如: 자나 깨나 항상 깨어 있음(7지 보살)
3. 숙면일여熟眠一如: 깊은 삼매에서도 깨어 있음. 깊은 숙면에서도 주인공을 챙김(8지 보살 이상)

고봉원묘(1238~1295) 스님이 설원 스님을 만났을 때 나눈 문답이다.

설원 스님이 고봉 스님에게 물었다.

"낮 동안 분주할 때도 한결같으신가?"
"한결같습니다."
"꿈속에서도 한결같으신가?"
"한결같습니다."
"깊은 숙면에 들었을 때도 주인공은 어느 곳에 있느냐?"

여기에서는 말로써 대답할 수 없으며 이치로도 펼쳐서 설명할 수 없었다(언어도단言語道斷 심행처멸心行處滅). 5년 후에 곧바로 의심덩어리를 두드려 부수니 이로부터 나라가 편안하고 나라가 조용하여서 한 생각도 함이 없이 천하가 태평하다 하였다(선요).
성철 스님의 화두 점검법은 "오래된 새 길"이었다.

漸到寤寐一如時   점도오매일여시
只要話頭心不離   지요화두심불리

점점 오매일여한 때에 이르렀어도
다만, 화두하는 마음을 여의지 말라.

이 점이 매우 중요하다. 우리가 생각이나 분별심이 끊어져 한 생각도 일어나지 않는 일념불생의 무심의 경지에 들어가면 과거, 현재, 미래 3제際가 다 끊어져(사라져) 버린다. 이를 전후제단前後際斷이라 한다. 그러나 여기서 한 걸음 더 나아가야 하니 백척간두百尺竿頭 진일보進一步하는 도리이다. '일념불생一念不生 전후제단前後際斷'의 경계에 머무는 경우를 선문에서 "죽기는 했으나 살아나지 못했다(사료부득 활사료부득活死了不得活)."라고 한다.

오매일여 경지에 들어 8지 보살 이상의 부동지 보살 위에 들었다 하더라도 이는 구경究竟이 아니다. 어린애 같은 대무심大無心의 경지로 "어느 것 하나 제대로 분간할 수 없는 캄캄한 산속 귀신들이 사는 소굴에 빠졌다(흑산귀굴 黑山鬼窟)." 하며 이를 경계했다. 아직은 제8아뢰야식이 남아 있기 때문이다. 제8아뢰야식(잠재의식潛在意識)은 워낙 깨끗하고 미세해서 언뜻 보면 맑고 잔잔해 전혀 움직임이 없는 듯 보이나 매우 깊이 관찰하면 그 급박한 흐름이 조금도 쉬지 않음을 알 수 있다. 이를 초월하면 대원각大圓覺의 경지에 들었다 한다.

　　我有一卷經 아유일권경　　不因紙墨成 불인지묵성
　　展開無一字 전개무일자　　常放大光明 상방대광명

　내게 한 권의 경전이 있으니 종이와 먹으로 이루어지지 않았다.
　펼쳐 봐도 한 글자도 없으나 항상 대광명을 놓는다.

　　心心心 亂可尋 寬時遍法界 窄也 不容針(達摩 觀心論)
　　심심심 난가심 관시변법계 착야 불용침(달마 관심론)

　마음 마음 마음이여! 찾기 어렵구나. 넓을 때는 우주 법계에 두루하고, 좁게 쓰면 바늘 끝도 용납하기 어렵다.

보왕삼매론寶王三昧論

　보왕삼매론은 중국 원나라 말기부터 명나라 초기에 걸쳐 중생들을 크게 교화하셨던 묘협妙叶 스님의 저서인 『보왕삼매염불직지寶王三昧念佛直指』 총 22편 중 제17편 〈십대애행十大碍行〉에 나오는 구절을 가려 뽑아 엮은 글이다.
　묘협 스님께서는 불교의 여러 수행법을 점검하고 수행해 본 결과, 염불이야말로 가장 쉽게 삼매에 들 수 있는 수행법이라고 확신하고, 염불삼매를 백천 가지 삼매 중에서 가장 보배스럽고 으뜸가는 수행법이라고 보아 보왕삼매寶王三昧라는 이름을 붙였다.
　염불수행을 하는 데도 열 가지 장애가 있으니, 그 열 가지 장애에 대처하는 마음 쏨쏨이를 열거한 것이 보왕삼매론이다. 그래서 걸림돌을 디딤돌로, 애물단지를 보물단지로 전화위복하게 하는 명언들이다.

1. 몸에 병病 없기를 바라지 말라. 몸에 병이 없으면 탐욕심이 생기기 쉬우니, 그래서 성인이 말씀하시되, "병고로써 양약을 삼으라." 하셨느니라.

2. 세상살이에 곤란함이 없기를 바라지 말라. 세상살이에 곤란함이 없으면 교만하고 사치한 마음이 생기나니, 그래서 성인이 말씀하시되, "근심과 곤란으로써 세상을 살아가라." 하셨느니라.

3. 공부하는 데 마음에 장애 없기를 바라지 말라. 마음에 장애가 없으면 배우는 것이 넘치게 되나니, 그래서 성인이 말씀하시되, "장애 속에서 해탈을 얻으라." 하셨느니라.

4. 수행하는 데 마魔가 없기를 바라지 말라. 수행하는 데 마가 없으면 서원이 굳건해지지 못하나니, 그래서 성인이 말씀하시되, "모든 마군으로써 수행을 도와주는 벗으로 삼으라." 하셨느니라.

5. 일을 도모하되 쉽게 되기를 바라지 말라. 일이 쉽게 이뤄지면 뜻을 경솔하게 쓰게 되나니, 그래서 성인이 말씀하시되, "오랜 세월을 겪어 일을 성취하라." 하셨느니라.

6. 친구를 사귀되 내가 이롭기를 바라지 말라. 내가 이롭고자 하면 의리를 상하게 되나니, 그래서 성인이 말씀하시되, "순결로써 사귐을 길게 하라." 하셨느니라.

7. 남이 내 뜻대로 순종해 주기를 바라지 말라. 남이 내 뜻대로 순종해 주면 마음이 스스로 교만해지나니, 그래서 성인이 말씀하시되, "내 뜻에 맞지 않는 사람들을 원림園林(울타리)으로 삼으라." 하셨느니라.

8. 공덕을 베풀되 과보를 바라지 말라. 대가를 바라면 도모하는 뜻을 가지게 되나니, 그래서 성인이 말씀하시되, "덕을 베푸는 것을 헌신짝처럼 버려라." 하셨느니라.

9. 이익을 분에 넘치게 바라지 말라. 이익이 분에 넘치면 어리석은 마

음이 생기나니, 그래서 성인이 말씀하시되, "적은 이익으로써 부자가 되라." 하셨느니라.

10. 억울함을 당해서 밝히려고 하지 말라. 억울함을 밝히면 원망하는 마음을 돕게 되나니, 그래서 성인이 말씀하시되, "억울함을 당하는 것으로 수행하는 문을 삼으라." 하셨느니라.

이와 같이 막히는 데서 도리어 통하는 것이요, 통함을 구하는 것이 도리어 막히는 것이니, 이래서 부처님께서는 저 장애 가운데서 보리도를 얻으셨느니라.

저 앙굴라마라와 제바달다의 무리가 모두 반역스런 짓을 하였지만, 우리 부처님께서는 모두 수기를 주셔서 성불을 기약하게 하셨으니, 어찌 저의 거슬리는 것이 나를 순종함이 아니며 저의 방해한 것이 나를 성취하게 함이 아니리오.

요즘 세상에 도를 배우는 사람들이 만일 먼저 역경에서 견디어 보지 못하면, 장애에 부딪칠 때 능히 이겨 내지 못하여 법왕의 큰 보배를 잃어버리게 되나니, 이 어찌 슬프지 아니하랴!

깨달음은 세간을 여의지 않는다

此時應不識　　차시응불식
今日正無生　　금일정무생
欲識無爲道　　욕식무위도
紛紛世上情　　분분세상정

보고 듣는 바로 지금을 알지 못하겠는가!
'지금 여기'가 바로 불멸이어라.
(생사 없는) 무위도를 알고자 하는가?
울고 웃는 이 세상 인정 속으로 가 보아라.

인욕선인이 말씀하시되, "나는 여기서 오랫동안 인욕수행을 스스로 행하고 남도 가르치고 있다." 하니, 가리왕이 즉시에 허리에 차고 있던 보검을 빼어들고 성큼 다가와 인욕선인의 오른팔을 베었다. 그리곤 "어때, 참을 만한가?" 하고 잔인하고 비굴한 웃음으로 물었다. 인욕선인이 곧 답하시길, "참을 만합니다." 하니, 또다시 왼쪽 팔을 베어 끊었다. "참을 만하냐?" 하고 또 잔인하게 물었다. "예, 참을 만합니다." 하니, 연이어 차제로 두 다리를 모두 베어 끊었다. 인욕선인은 곧 땅바닥에 넘어지고 의식이 또렷한 채로 누웠다. 많은 출혈이 일어났고 곧 생명이 다할 것을 또렷이 느꼈다. 그러나 이를 지켜보던 하늘에서 인간 세상을 순회하던 제석천이, 곧 가리왕을 응징하여 7일 동안 고열로 시달리다가 목숨을 마치고 무간 아비지옥에 떨어졌다.

　또 인욕선인의 4지(양팔과 양다리)를 다 붙여 주고 피를 공급하여 소생하게 해 주었다. 그러나 인욕선인은 이 일에 대해서, 즉 가리왕이 자신의 목숨을 해치고 명예를 추락시킨 일에 대해서『금강경』에서 여실히 말하고 있다. 무아상, 무인상, 무중생상, 무수자상을 수행하고 있었기에, 나는 한순간도 원망하는 마음을 일으키지 않았다고 이야기하고 있다. 만약, 그때 내가 아상, 인상, 중생상, 수자상이 있었더라면, 응당히 분하고 성난 마음이 일어났을 거라고 하고 있다. 또한 사지四肢를 붙여서 고쳐 준 제석천의 은공에 대해서도 역시 이끌려 애착하고 마음에 흔들림이 없었으니, 이러한 사실을 한 마디로 '도할양무심塗割兩無心'이라 한다. 만법개공하나 인과불공하다는 '반야의 공空' 사상에 근거한다고 보아야 할 것이다.

　『열반경』에 "제행무상 시생멸법 생멸멸이 적멸위락"이라는 구절이 있는데, 해석하여 보면 "제행(만법)은 항상 함이 없으니, 이것이 바로 생멸하는(나고 죽는) 유위법이다. 생멸하는 작용이 다 쉬어지면 고요하고 적멸한 것이 진실한 즐거움이니라."라는 뜻이다. '제행諸行', 즉 정신적·물질적·육체적인 요소를 전부 말하는 것으로, 정신적인 것은 생주이멸生住異滅하고 물질적인 것은 성주괴공成住壞空하고,

육체적인 것은 생로병사生老病死하나니, 어느 것 하나도 영원한 것은 아무것도 없다. 그래서 '제행무상諸行無常'인 것이다. 영원한 것이 하나도 없다는 것을 깨달아 아는 것이 바로 '반야'며 참지혜며 '성공性空'이며 '반야의 공성空性'이다. 우리는 그것을 반야의 지혜, 공성의 지혜, 무루無漏의 지혜, 해탈의 지혜라고 이름하여 부를 뿐, 그 무엇으로도 이름 지을 수 없고, 형상을 그릴 수 없다.

굳이 형상화한다면 'O'을 그릴 수 있고 '∴'을 그려서 '원이삼점圓伊三點'으로 표시할 뿐이다. 그러나 이것 또한 다 방편일 뿐, 진정한 깨달음은 이름과 형상을 다 초월할 수 있어야 한다. 불교철학에서 600부『반야경』의 사상은 아공, 법공, 구공으로 구분하여 설명하기도 한다. 총체적으로 '선분별제법先分別諸法 후설필경공後說畢竟空'이다. 먼저는 선인선과善因善果요, 악인악과惡因惡果라 하여 여러 가지 분별적, 차별적 법문을 시설하지만, 필경에서는 공성空性, 즉 성품이 비어 있음을 깨달을 것을 피력하고 있다.

'공성의 지혜', 그것은 바로 팔정도八正道와 일맥상통한다. 팔정도는 정견正見, 정사유正思惟, 정어正語, 정업正業, 정명正命, 정정진正精進, 정념正念, 정정正定을 말한다. 전체적인 뜻은 바른 생각과 생활, 선정에 들 것을 유도하고 있다. 바르다는 것은 이쪽과 저쪽으로 치우침이 없어, 중도실상이며, 반야의 공 사상에 회귀하고 있다고 본다.

만법은 평등하나 인과는 차별이 있다

擬心開口隔山河　　의심개구격산하
寂默無言也被呵　　적묵무언야피가
舒展無窮又無盡　　서전무궁우무진
卷來絶迹已成多　　권래절적이성다

마음으로 짐작하여 입을 열려 해도
한참은 어긋나고 고요히 침묵한다 한들 꾸중을 들으리라.
전개하면 끝이 없어서 다함이 없고
거두어 자취를 끊었다 해도 이미 번거로우니.

―향엄지한香嚴智閑

석가모니 부처님이 세상에 교화를 드리울 때 당시에 '아힘사'라는 바라문 출신의 훌륭한 청년이 있었는데, 무예에 뜻하는 바가 있어 바라문족이 가르치는 무예의 수련장에 들어가 그 스승의 수제자가 되어 무예의 고수가 되었다. 어느 날 제자들의 수련을 수제자 아힘사에게 맡기고 스승은 한 달여 간 여행을 떠나게 되었다. 그동안 적적했던 무림의 고수들인 도반들을 조우하기 위해 길을 나섰다.

한 달여 간의 일정을 마치고 수련장으로 들어서니, 스승의 젊은 아내가 수제자인 아힘사를 모함했다. 연정을 품고 자신에게 달려들었다는 것이다. 하지만 사실은 그 반대였다. 젊고 건강한 아힘사에게 젊은 부인이 여러 번 애욕을 구걸했으나, 스승의 부인은 나이에 상관없이 어머니 같은 존재라고 완강히 거절했기 때문에 오는, 일종의 모욕감과 함께 분노로 시작된 보복이었다. 이러한 사연의 자세한 내막을 모르는 스승은 젊은 아내의 조작된 흉계를 듣고, 훌륭한 바라문 출신의 아힘사를 함부로 제거할 수 없어 잔인한 방법으로 그를 내치기로 결심했다.

스승이 아힘사를 불러, "나의 마지막 비급을 전하겠다. 산 사람의 오른쪽 엄지손가락이 백 개가 필요하다." 하면서 즉시 보검을 주며 행동에 옮길 것을 강요했다. 아힘사는 스승의 최후의 무예비급을 전수받기 위해 행인들의 목숨을 추풍낙엽처럼 해쳐서 엄지손가락을 잘라 염주처럼 목걸이를 만들어 가기 시작했다. 그래서 그 이름이 '앙굴라마라'가 됐다.

거리의 행인들은 미치광이처럼 날뛰는 무예인 고수가 사람들을 해친다 하여 거리에는 다니는 사람 없이 한산해졌다. 그 소식을 들은 그의 어머니가 나타나 아들인 아힘사가 이미 '앙굴라마라'라는 악명을 듣게 된 아들의 미친 모습을 보고 애달파하며 찾아서 거리에 나섰다. 그때 한산한 거리에서 멀리서 그의 어머니를 보고 미쳐 날뛰던 앙굴라마라는 이미 이성을 잃고 99개의 손가락 목걸이를 확보하고 있었기에, 이제 마지막 한 개의 엄지손가락을 구하기 위해 안간힘으로 달려가 그의 어머니에게 칼을 휘두르려는 찰나, 실로 아슬아슬한 찰나에 석가세존께서 깊은 선정에서 살펴보시고 순수의지가 아닌, 타인의 계략에 의한, 후천적으로 스승을 잘못 만나, 돌이킬 수 없는 종족 살인 행위를 자행하려는 실로 안타깝고 비참한 현실의 재앙을 막기 위해, 신족통으로 현장에 날아와서 자광삼매의 힘으로 앙굴라마라를 가로막았다.

앙굴라마라는 새로운 목표물이 나타나 그의 어머니를 포기하고 세존을 향하여 돌진해 나아갔다. 보검을 힘차게 빼어들고서. 그러나 아무리 뛰어도 눈앞에 닿을락 말락하는 부처님께 접근하기가 여간 어렵지 않았다. 기운이 탈진되도록 달렸으나, 가까이 접근하여 목숨을 탈취하기가 어려웠다. 그래서 소리쳤다. "야, 사문아! 게 섰거라." 하니, 부처님께서 자비로운 삼매인 '자광삼매'에 드신 모습으로 앙굴라마라를 돌아다봤다.

"앙굴라마라야! 나는 여기에 평화롭게 서 있다. 무예를 배워서 정의롭게 사용하지 못하고, 지나가는 행인을 해치면서 너는 도대체, 무엇을 위해 왜 그리 헐떡거리느냐?" 그 순간에 아힘사(자비, 사랑) 또는 앙굴라마라는 전광석화 같은 깨달음을 얻었다.

석가세존의 모습은 너무나 평화롭고 눈부시었다. 나는 훌륭한 무사가 되어 정의의 편에 서서 약자를 돕고 악을 물리치고, 모든 사람에게 진실과 평화와 행복의 버팀목이 되려고 했던 처음의 목적과는 정반대로 무예의 비급, 즉 스승에게 잘 보여 명예를 얻기 위해 얼마나 많은 살인행위와 어리석음을 저질렀는가! 앙굴라마라는 그 자리에 엎드려 대성통곡을 하면서, 석가세존의 발끝을 잡고 한없이 울면서 "저는 이제 어떻게 해야 이 많은 죄를 사할 수 있겠습니까? 세존이

시여! 지혜와 자비의 말씀으로 저를 인도하여 주시옵소서." 하고 한도 끝도 없이 울음을 쏟아부었다.

"앙굴라마라여! 이제 정신이 좀 드느냐? 좀 전에 여인은 너의 어머님이 아니시더냐. 하마터면 어머님을 시해弑害하는 큰 악업을 내가 차마 볼 수 없어, 이렇게 신통으로 다가와 너의 앞을 막았느니라. 너의 남은 생은 남을 위해 봉사하고 헌신하며 자비심으로 일체 중생들에게 회향하여라." 하셨다. 앙굴라마라는 부처님을 따라가서 바로 삭발염의하고 출가하여 비구가 되었다.

참으로 가난하면 넉넉해진다

去年貧未是貧　　거년빈미시빈
今年貧始是貧　　금년빈시시빈
去年貧無卓錐之地　거년빈무탁추지지
今年貧錐也無　　금년빈추야무

작년의 가난은 가난하다고 할 수 없고
금년의 가난이야말로 참으로 가난하네.
작년에는 송곳 세울 땅도 없더니
금년에는 그 송곳조차 없다네.

─향엄지한香嚴智閑

도 닦는 사람, 진리를 수행하는 사람은 번뇌를 씻어 버리고 더 없이 가난한 사람이라 할 수 있다. 최소한의 소유로써 생활하며, 욕망을 버리고, 지식을 버리고 고정관념과 선입견을 내던진 상태이니까. 어느 천지에 이렇게 가난하고 홀가분한 삶이 있겠는가! 이 같은 외롭고 홀홀한 가운데 수도하는 향엄 선사가 지금 공부하는 모습이다.

  그러나 그 가난마저 사라졌다는 것이 이 게송의 취지니, 가난을 초월하여 법계진여法界眞如와 하나 되어 텅 빈 우주와 하나 된 도리이니, 가난은 곧 가난이 아니라, 모두를 자유롭게 수용하는 경지가 된 것이다. 그러나 앙산仰山이란 선배 스님이 도리어, "아직 멀었다. 다시 한번 일러 보시오." 하였다. 게송으로 "나에게 또 하나의 작용이 있으니 눈을 깜빡여 그대에게 보이다가 만약에 그 사람이 알아보지 못한다면 '아무개야!' 하고 호통쳐 부르리라." 하였다.

일이관지 一以貫之

불교의 근본 교리는 지혜智慧와 자비慈悲이다. 이것은 또한, 무심無心에 근거하며 일심一心에 의한다 한다. 무심은 마음이 없는 것이 아니라 마음에 온갖 번뇌적 요소, 욕망과 갈망이 없는 상태를 말하며, 일심이란 모든 번뇌와 욕망의 갈등에서 벗어나 하나로 통일된 마음, 집중력이 견고하여 흔들림 없는 마음이니, 무심과 일심은 이름을 달리할 뿐 한 가지 이치를 달리 표현한 것이다.

『천수경』에서 주된 내용은 관세음보살님께 지성귀의하고 『신묘장구대다라니』를 열심히 일심으로 독송하면 온갖 고난과 고통에서 벗어나 구경에는 관세음보살님처럼 된다는 것이며, 구경에는 인격을 완성하여 붓다의 경지에까지 오른다는 것이다. 처음에는 기복祈福에서 시작하지만 점점 깊어지면 작복作福으로 회향廻向하기 마련이다. 그 주된 핵심내용은 지혜와 자비의 실천이다.

어느 날 공자님께서 시운이 불리하여 제자들 몇 사람과 시골에서 농사를 짓게 되어 채소와 벼농사에 관하여 제자들에게 말씀하셨다. 제자들 중 한 사람이 스승님께서 언제 농사를 연구하고 배우셨는지를 여쭈었다. 공자님이 말씀하시기를, "오도일이관지吾道一以貫之니라." 하셨다. 하나의 이치로 천지만물을 꿰뚫어 본다는 뜻이다. 그러면 그 하나는 무엇일까? 공자님의 그 하나는 충忠과 서恕라 했다. 충忠은 지성至誠을 가리키며 서恕는 실천實踐을 말한다 한다.

일이관지란 지극한 정성으로 사물을 대하고 분투노력한다는 뜻이다. 이와 같이 바르고 선하게 지극한 정성으로 분투노력하면 못 이룰 일이 없다는 뜻이다.

> 태산이 높다 하되 하늘 아래 뫼이로다.
> 오르고 또 오르면 못 오를 리 없건만
> 사람이 제 아니 오르고 뫼만 높다 하더라.
>
> ─양사은

삼계三界는 화택火宅이다

『법화경』 비유품에 이르시길 삼계는 화택이라. 불난 집에서 어린 아이들이 불난 줄 모르고 노니는 것을 보고 장자께서 심히 염려스러워 양의 수레, 사슴의 수레, 소의 수레로 유인하여, 즉 어린아이들이 좋아하는 장난감(삼승三乘)으로 유인하여 불난 집에서 밖으로 힘차게 뛰쳐나오게 한다. 이 어린아이들에게 재물이 무량무변한 장자는 양의 수레, 사슴의 수레, 소의 수레를 치우고 크고 원만하고 보석이 끝없이 주렁주렁 달린 큰 수레를 각각 준다.

여기서의 장자는 부처님이시고, 어린아이들은 바로 부처님의 법을 받드는 우리 불자들이다. 그런데 왜 삼계三界는 화택火宅, 즉 불타는 집이라 하셨는가?

세상은 오욕락五欲樂의 추구로 인한 탐욕의 불길, 뜻대로 되는 바가 없어 그 마음의 거슬림에서 오는 분노의 불길, 이익과 손실, 사랑과 미움, 칭찬과 비방, 선택과 탈락에서 오는 마음의 산란에서 스스로 중심을 살피지 못하는 어리석음의 불길, 구체적으로 안眼, 이耳, 비鼻, 설舌, 신身, 의意의 육근六根과 색色, 성聲, 향香, 미味, 촉觸, 법法의 육경 六境과 근경根境이 부딪쳐서 일어나는 좋고 나쁘고 무성한 생각들, 즉 육식六識의 작용으로 말미암아 팔만 사천의 번뇌를 일으키고 번뇌 속 에서 웅거하며 번뇌에 번뇌를 쌓아 은원恩怨의 치성한 불길 속에서 삶을 영위하는 중생을 보고 부처님께서 삼계三界는 화택火宅이라 하 셨다.

　　　三界無安 삼계무안　　猶如火宅 유이화택

　삼계는 결코 편안할 수 없다. 마치 불타는 집과 같다.

노공老公의 참회懺悔

 석가모니 부처님 당시에 별명이 '노상술'이란 거사가 계셨다. 술을 너무 좋아해서 늘 젖어 있었으나, 마음씨만 좋았다. 아난존자와 인연이 있어 부처님 처소에서 법문 듣기를 권했으나 번번이 거절했다. 어느 날 술이 만취하여 집으로 돌아가던 '노상술' 노공이 그만 나무에 부딪혀 크게 다쳤다. 상처가 커서 자리에 눕게 되었는데 몸이 나으면 부처님을 찾아뵙겠다고 다짐했고, 몸이 나아서 부처님을 찾아뵙고 법문을 들으니 자신이 그동안 지어 온 잘못이 너무 많은 것으로 새롭게 깨달았으나, 오계를 받고 부처님의 제자가 되는 것이 두려웠다. 이를 알아차린 부처님께서 노공에게 몇 가지 질문을 했다.
 "오백 대의 수레에 가득 실린 볏짚을 태워 버리고자 한다면 몇 수레의 불이 필요한가?"
 노공이 대답하길,
 "그다지 많은 불은 필요치 않고 팥알만 한 작은 불씨로도 잠깐 사이에 태워 버릴 수 있습니다."

하였다.

"그럼 그대가 입고 있는 옷은 세탁한 지 얼마나 되었는가?"

"부끄럽습니다만 술은 좋아하지만 옷 세탁한 지는 일 년 가까이 됩니다."

하니,

"그 옷을 세탁하는 데는 몇 달이나 걸리는가?"

하니,

"물 몇 동이와 잠깐 사이에 세탁할 수 있습니다."

하였다.

"거사(노상술)가 그동안 쌓아 온 죄악업도 오백 대의 수레의 볏짚과 같고, 1년 동안 빨지 않는 옷과 같으니라."

하니 노공이 바로 깨달아 오계五戒를 받아 지니고 불자로서 새로운 출발, 향기롭고 아름답고, 행복한 인생길을 열었다는 참회에 대한 이야기이다.

천도문天度文
―영혼을 달래어 좋은 곳에 태어나게 하는 글

   圓覺道場何處 원각도량하처
   現今生死卽時 현금생사즉시

  부처님 계시는 곳이 어디인가?
  바로 지금 그대 서있는 곳일세!

  오! 고귀하게 태어난 ㅇㅇㅇ시여, 이제 존재의 근원으로 돌아갈 순간이 왔다. 그대의 호흡은 곧 멎으려 하고 이 세상과 작별할 때가 왔으니, 그대가 평소에 믿고 의지하던 사찰과 스님을 생각하고 빛의 근원을 체험하려 하고 있다.
  고귀하게 태어나신 ㅇㅇㅇ시여! 이 순간의 지난 기억들은 꿈이며 환영이다. 텅 빈 충만한 밝은 빛과 허공만이 그대의 본체인 투명한 빛과 닮아 있다. 이 순간 그대여! 평생 아끼고 애지중지하던 육체를 벗어 던져라. 그리고 참 나를 밝은 빛과 같이 알라. 그리고 그 빛 속에 머물러 있으라. 내 그대를 인도하리라.

오! 고귀하게 태어난 ○○○시여, 그대의 마음이 흩어지지 않도록 의식을 집중하라. 지금 그대에게 찾아온 것은 죽음이라 하지만 실은 본래의 근원으로 돌아가는 것이다. 그러므로 다음과 같이 결심하라.

아! 비로소 한 생을 마치고 죽음의 시기에 이르렀구나. 나는 이 죽음을 통해 생명 있는 모든 존재들에 사랑과 자비의 마음을 가지련다. 그리고 모든 인류의 행복을 위해 최상의 지혜가 있는 곳으로 옮겨가 살면서 완전한 깨달음을 성취하리라.

그대여! 확실히 결심하였는가? 결심이 굳히지 않았다면 더욱 굳혀야 한다. 지금이 최상의 기회임을 알아야 한다. 모든 존재의 이익을 위해 그대 ○○○이는 존재의 근원(법신法身, 법성法性)에서 흘러나오는 투명한 밝은 빛이 나의 근본임을 확실히 깨달아야 한다. 이 순간을 놓치고 머뭇거려서는 안 된다. 그대는 지금 무상 상징 상태에 있다(중음신中陰身). 모든 상대성이 사라진 절대의 세계에 있다는 말이다. 그 절대의 세계를 포착해야 한다.

내가 비록 그 같은 것을 실현해 내지 못한다 할지라도 내가 가야 할 사후세계死後世界만은 철저히 인식하고 깨달으리라. 이 사후세계에서 존재의 근원(법성체法性体)과 하나 되어 모든 생명 가진 존재들에게 이익과 안락을 줄 만한 모습으로 나타나리라. 저 하늘의 허공처럼 끝없이 모든 존재들을 위하여 봉사하리라. 이와 같이 선언하고 결심을 다져야 한다. 그리고 그대가 일생 공부한 어떤 수행이라도 한번 떠올려 보라!

오! 고귀하게 태어난 ○○○이여! 지금 그대는 존재의 근원에서 나오는 눈부신 투명한 빛을 경험하고 있다. 그것을 깨달아야 한다. 그대의 참성품은 공성空性인 것이다. 현재의 마음은 곧 존재의 근본이며, 완전한 최상의 선善인 것이다. 그것은 텅 빈 것이며 그 어떤 특징이나 빛깔이나 형상 또한 없는 것이다. 진실로 그것은 그대 자신의 의식이며, 지성이며, 진실법계眞實法界인 것이다. 그를 일러 곧 부처의 성품(불성佛性)이라 한다. 그러므로 아무런 장애도 없다. 텅 빈 충만이며 완전한 최상선最上善인 것이다. 공空이라 하여 아무것도 없는 텅 빈 것은 아니다. 그 속에서 자성自性의 작용에 따라 온갖 기쁨과 슬픔을 맛볼 수 있다. 텅 비어 투명한 빛과 같은 존재, 그 자체가 본래 그대의 마음 형상이다. 스스로 빛나고 있었으며 안락과 행복으로 가득한 세계였다.

그대와 부처는 원래 둘이 아니었으며 하나였다. 참된 의식과 그 하나 됨이 그대의 완전한 모습, 곧 자성불인 것이다. 이제 그 광명光明을 보고 있는 것이다. 태어남도 죽음도 없는 완전한 그대의 마음 상태를 보고 있는 것이다. 생사가 없는 무량한 광명인 아미타 부처님인 것이다. 텅 빈 광명의 세계, 그대의 빛이요, 동시에 붓다의 빛이다. 자신에 있어서는 자성의 광명이요, 우주에 있어서는 법성의 광명이지만, 그것은 궁극적으로 다르면서도 같은 것이다. 그러한 것을 완전히 깨달으면, 그대는 영원히 부처의 마음 깊숙이 안주할 것이다.

그대여! 어찌 쾌활쾌활하고 기쁘지 아니하랴!

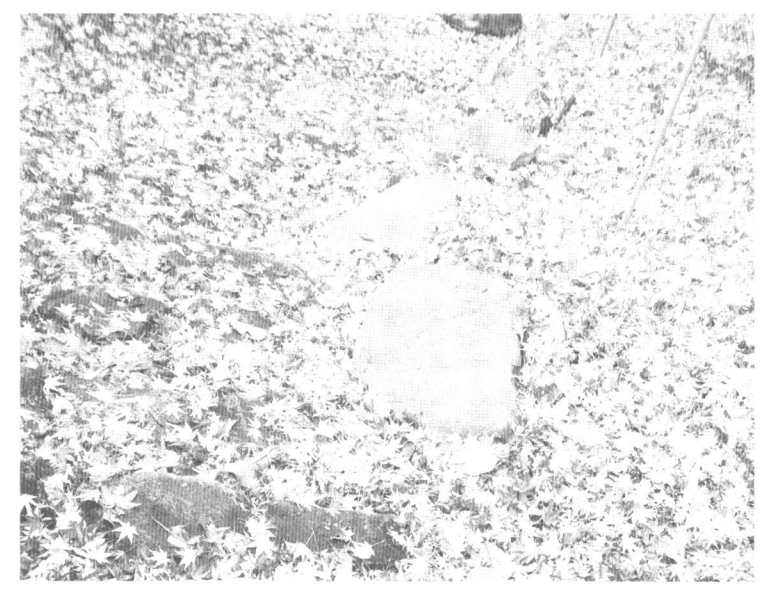

알아두면 유익한 일

기도하면 좋은 점
―경전에 의한

　다 같이 기도를 해도 계율을 잘 지키는 것이 낫고, 계율을 잘 지키는 것보다 계율을 초월해 대승보살심을 갖는 것이 더 위대하며 기도 공덕도 크다.

1. 천신과 선신이 보호한다.
2. 좋은 과보가 나날이 더한다.
3. 의식이 자연히 풍족해진다.
4. 몸의 질병이 서서히 물러난다.
5. 불에 타 죽거나 물에 빠져 죽는 일을 면한다.
6. 도적의 액난이 사라진다.
7. 타인들이 좋아하고 존경하게 된다.
8. 선신이나 귀신이 돕는다.
9. 얼굴이 차츰 아름다워진다.

10. 죽어서 천상에 태어난다.
11. 공부가 깊으면 극락에 태어난다.
12. 나라의 대신이나 왕으로 태어난다. (법장비구는 한 나라의 왕이었다.)
13. 숙명의 지혜를 얻는다. (자신의 전생을 안다.)
14. 소원하는 바가 차츰 이루어진다. (대승보살은 서원을 발하라고 하였다.)
15. 가족이 화목해진다.
16. 불의의 사고나 횡액에서 벗어난다.
17. 가는 곳마다 선신이 보호한다.
18. 밤에는 꿈자리가 편안하다.
19. 지혜가 원명圓明해진다.
20. 관용과 자비심이 많아지고 어떤 일이든지 두렵지 않다.
21. 필경畢竟에는 성불한다. (궁극에는 부처를 이룬다.)

※기도작법
100일마다 끊어서 하고 ① 참회, ② 찬탄, ③ 발원, ④ 회향.

질병으로 천수天壽를 누릴 수 없는 경우

1. 음식이 소화되지 않았는데 첨식하는 것
2. 과식하는 것, 과음하는 것
3. 너무 적게 먹어서 영양의 불균형을 이룰 때
4. 욕심이 지나쳐서 허덕거릴 때
5. 크게 놀라서 심장이 두근거릴 때
6. 의약품의 치료를 받지 않을 때
7. 악惡한 카르마가 쌓일 때
8. 영혼의 장애가 심할 때
9. 운동량이 태부족일 때
10. 운동량이 너무 지나칠 때
11. 쓸데없는 근심 걱정이 많아 정신이 산만할 때

게으른 사람의 10가지 변명

1. 추우면 춥다고 일하지 않고,
2. 더우면 덥다고 일하지 않고,
3. 배고프면 배고프다고 일하지 않고,
4. 배부르면 배불러서 일하지 않고,
5. 이르면 너무 이르다고 일하지 않고,
6. 늦으면 너무 늦다고 일하지 않고,
7. 몸이 아프면 아프다고 일하지 않고,
8. 컨디션 좋으면 놀러 간다고 일하지 않고,
9. 비가 오면 비 온다고 일하지 않고,
10. 바람 불면 바람 분다고 일하지 않는다.

위와 같은 사람은 인간답지 못한 생生을 누리다가 자신도 괴롭고 남에게도 도움이 되지 않아 비참한 생을 마치고는 사람으로 태어나지 못하고 삼악도三惡道에 흘러가게 된다.

세족식洗足式

세족식이란 발을 씻어 드리는 행위이다.

1. 자식이 부모님의 발을 씻겨 드리면서,
2. 남편이 아내의 발을 씻겨 드리면서(반대로 할 수 있음),
3. 제자가 스승(구루)의 발을 씻겨 드리면서(반대로 할 수 있음),

이제 자녀들은 아버지의 발 앞에 무릎을 꿇고 앉아 신발과 양말을 벗겨 주시기 바랍니다. 그리고 두 발을 어루만져 보세요. 얼마 만에 만져 보는 발입니까! 여러분과 가족을 위해 세상을 돌아다니느라 지치고 피곤하여 땀나고 냄새나는 발입니다. 거칠어지고 부르트고 상처 나고 굳은살이 박힌 발입니다. 때로는 도망치고 주저앉고 싶었지만 가정을 위해서 내 가족을 위해 지금까지 묵묵히 버티어 온 발입니다. 이 세상에서 가장 훌륭하고 아름다운 발입니다. 내가 눈물겹도록 사랑하고 존경해야 하는 발입니다. 내가 열병에 걸려 사경을 헤맬 때도, 근심 걱정으로 시련에 빠져 있을 때도 나를 업고 이리저리 뛰시던 발입니다. 자신은 못 먹고 못 입어도 남의 자식보다 잘 입히고 잘 먹이려 일터에서 수고하신 굳은살 박힌 발입니다. 자식 하나 잘되길 바라면서, 자기보다는 고생 덜하고 행복하기를 바라면서 지금까지 헌신하신 거룩하고 존경스런 발입니다. (초등학교 학생들이 더러 훌쩍이며 감격의 눈물을 쏟았다.)

 자녀들은 천천히 아버지의 한 쪽 발을 물에 담가 보세요. 이 물은 어쩌면 그동안 우리와 가정을 위해 흘린 아버지의 눈물과 땀인지도 모릅니다. 먼저 한 쪽 발을 씻어 주십시오. 힘을 주어서 깨끗하고 섬세하게 씻어 주세요. 대충하지 마시고 발가락 사이사이까지 정성스레 씻어 주시고 부모님의 깊은 사랑과 은혜를 느껴 보세요. 저 하늘보다 푸르고 저 넓은 대지보다 따뜻함을 느껴 보시고 발을 씻어 드려요.

물의 이미지

1. 물로 보지 말라. (무기력하다. 허약하다.)
2. 물 먹인다. (골탕 먹인다. 상대를 애먹인다.)
3. 물올랐다. (전성기에 달했다. 왕성하다. 활동범위가 확대되다 등)
4. 물빛 같다. (맑다. 투명하다. 깨끗하다.)
5. 물이 다르다. (노는 세계가 다르다. 차원이 다르다. 환경이 다르다. 정신적 세계가 다르다.)
6. 상선약수上善若水—노자의 『도덕경』 (최고의 선행은 물과 같다. 소통의 이미지. 최고의 덕성을 나타냄. 아름답고 부드러움)
7. 물맛이 다르다. (식용으로써의 물)

약을 달이거나 국을 끓이거나 김치를 담글 때 쓰이는 물. 마시는 물. 생활식수. 생활용수.

인체에 유해한 성분이 있을 때는 암이나 심각한 질병을 일으킬 수 있다. 물속에 함유된 비타민, 무기질, 화학성분이 인체에 미치는 영향이다. 앞으로 물의 시대라 한다. H_2O가 물의 분자구조인데 수소가 더 많다. 산소와 수소를 분리해서 미래에는 보다 깨끗한 친환경적인 에너지를 공급받을 수 있겠다. 수소차량, 수소폭탄, 수소에너지가 미래의 시대를 열어 갈 강력한 화두가 된다.

스피치 요령

1. 원고를 보지 않고 (큰 타이틀만 보고) 이야기한다.
2. 쉬운 용어로 쉽게 풀어서 말한다.
3. 결론부터 말하고, 풀어서 설명한다.
4. 경험론을 이야기한다.
5. 분량을 조절한다.
6. 속도는 되도록 천천히 이야기한다.
7. 핵심 포인트에 손짓과 발음을 강조한다.
8. 사투리를 억제한다.
9. 발을 앞뒤로 둔다.
10. 표정을 관리한다. (약간 미소 짓는 듯)
11. 동작을 천천히 한다. (ex. 물 마실 때)
12. 곁눈으로 보지 말고 정면으로 본다. (좌우로 볼 때는 몸 전체를 돌린다.)

13. 질문자의 말에 대답하고 나서 개인의 의사를 피력한다.
14. 손발을 조용히 둔다. (떨거나 함부로 하지 않는다.)
15. 1:1의 대화에는 상대방 입술에 시선을 둔다.
16. 몸을 피곤하게 하지 말고 컨디션을 조절한다.

반야般若의 의미

반야는 2종 반야, 3종 반야, 5종 반야 등으로 분류된다.

공반야共般若와 불공반야不共般若로 구분되는 2종 반야는 〈지도론智度論〉에서 주장한 것으로 천태종에서 이 설을 많이 따르고 있다. 공반야는 성문, 연각, 보살의 삼승三乘을 위하여 설한 반야의 법문으로 『반야경』 등의 여러 대승경전이 이에 속한다. 불공반야는 일승一乘의 보살만을 위하여 말한 것으로 『화엄경』이 이에 속한다.

3종 반야는 문자반야, 관조반야, 실상반야이다. 반야를 설명할 때 가장 많이 채택될 뿐만 아니라 우리나라 원효 대사 등의 고승들은 이에 대해 깊이 있게 해석하고 있다. 문자반야는 부처님이 설하여 문자화된 경, 율, 논을 전부 통칭한 것이며 관조반야는 경, 율 논의 글자나 말에 의해서 진리를 알아내고 이 진리에 의해서 수행하고 실천하는 것이다. 실상반야는 관조반야를 통하여 체득되는 궁극적인 것으로 신라의 원효 대사는 여래가 감추어진 중생이 곧 이것이라 하여

실상반야가 곧 여래장如來藏이라고 정의한다. 5종 반야는 법계를 비추어 보고 진리에 도달하기 위해 오종五種을 열어 반야의 모든 법을 갈무리한 것이다.

1. 실상반야: 반야의 이체理体는 본래 중생이 갖춘 것으로 일체의 허망한 상相을 여의면 반야의 실상이 된다.
2. 관조반야: 실상을 관조하는 참다운 지혜의 반야.
3. 문자반야: 실상과 관조반야를 설명하는 대승경전이 여기에 속한다. (600부 『반야경』)
4. 경계반야境界般若: 반야를 인연하는 일체의 모든 법의 반야.
5. 권속반야眷屬般若: 난煖, 정頂, 인忍, 세제일世第一 등인 모든 지혜와 계戒, 정定, 혜慧, 해탈解脫, 해탈지견解脫之見 등은 모두 관조반야이며, 곧 혜성慧性 권속이므로 권속반야라 한다. 이 가운데 2종, 3종 반야의 해설을 가장 많이 사용한다.

정상에 이르는 길은 다양하다

　내가 불교를 믿지만, 부처님의 가르침과 불교철학과 논리는 너무 어렵다고 생각되면 불교는 나와 거리가 먼 것인가!
　아니다. 궁극적 깨달음에 이르는 길은 다양하다. 고요히 자신의 내면을 밝히는 참선법이 있고, 『다라니』를 반복적으로 외우는 주력법이 있고, 경전을 반복해서 읽고 쓰는 사경법이 있고, 108배·1000배·3000배 절하는 법도 있고, 나무석가모니불, 나무관세음보살, 나무아미타불, 나무문수보살, 나무보현보살, 나무지장보살 등 불보살님의 명호를 반복해서 부르는 염불선, 염불관도 있다.
　이렇듯이 다양한 경로를 통해서, 혹은 그중 한 가지만 선택해서, 현생에도 가피와 복력을 이룰 수 있는 이고득락離苦得樂의 길이 있다. 그중 하나의 길을 제시한다. 바로 '십념청정염불법'이다.

〈십념청정十念淸淨〉

1. 나무 청정법신로자나불
2. 원만보신 노사나불
3. 천백억화신 석가모니불
4. 구품도사 아미타불
5. 당래하생 미륵존불
6. 만월세계 약사여래불
7. 시방세계 일체제불
8. 시방세계 일체존법
9. 제존보살 마하살
10. 나무 마하 반야 바라밀(3번)

성인聖人의 칠재七財

세간의 재산은 아무리 많아도 불안하거나 위험하다고 할 수 있다. 재난을 당하거나 사기를 당하거나, 도둑을 맞거나, 사업을 신장하려다 실패하면 다 날릴 수 있다. 그러나 성인聖人의 일곱 가지 재산은 그럴 일이 없다.

1. 신信: 진리와 성인의 가르침에 대한 바른 믿음이다.
2. 계戒: 바른 생활에 따른 올바른 윤리관이다. 오계와 보살계 등.
3. 참慚: 악행을 두려워하여 행하지 않음이다.
4. 괴愧: 악행, 즉 잘못된 일을 부끄러워함이다.
5. 문聞: 진리의 법문을 부지런히 들음이다.
6. 시施: 베풀고 나누어 주는 것이다.
7. 혜惠: 바른 지혜로써 통찰하여 판단하는 것이다.

그 바닷가의
아름다운
조약돌처럼

발행 Ⅰ 2020년 6월 15일
지은이 Ⅰ 장 산
펴낸이 Ⅰ 김명덕
펴낸곳 Ⅰ 한강출판사
홈페이지 Ⅰ www.mhspace.co.kr
등록 Ⅰ 1988년 1월 15일(제8-39호)
주소 Ⅰ 서울시 종로구 우정국로 40-1, 4층(견지동)
전화 02-735-4257, 734-4283   팩스 02-739-4285

값 14,000원

ISBN 978-89-5794-440-0 03810

※저자와의 협약에 의해 인지는 생략합니다.
※잘못된 책은 바꾸어 드립니다.